事務・間接職場の改善活動のノウハウ

改善の8つの手順と有効な手法

QCサークル京浜地区幹事研究会 著

日科技連

はじめに

　QC サークル京浜地区は，QC サークル関東支部の 9 地区の一つで，首都圏を中心としたものづくり系企業の本社部門を有する企業が多いうえに，事務・販売・サービスを本業とする企業が数多く所在するという特徴を持っています．しかし，その事務・販売・サービス部門の改善活動は，製造部門に比べて満足な活動レベルの企業はそれほど多くはなく，様々な悩みを抱えながら推進しているのが現状です．

　QC サークル京浜地区では，各企業から派遣される幹事の自主的な活動として幹事研究会を毎年度設置し，諸先輩による QC サークルの普及・啓蒙活動を継承して，小集団活動に関する各種情報収集と検討・研究を行っています．

　中でも，2009 ～ 2010 年の京浜地区幹事研究会では京浜地区の特徴であり，関係の深い「事務・販売・サービス部門」(JHS 部門)，とくに，オフィス業務に焦点を当て，改善の手順や手法の研究を行いました．

　なぜなら，職場環境が激変する時代にあって，企業のイノベーションが求められており，オフィスワーカーによる改善活動こそがイノベーションの主役となると考えるからです．

　これまで「事務・販売・サービス部門」においては，製造部門で行われている QC サークル活動に代表される小集団による改善活動が有効であるとの認識にもとづき，製造部門の改善活動の考え方，手順，手法をそのまま導入・適用するような進め方がされてきました．しかし，「事務・販売・サービス部門」で改善活動を進めてみると，製造部門とは異なる点が多々あり，製造部門で採用されてきた基本的な考え方は適応可能であっても，

手順や手法をそのまま適用することにはムリがあり，「事務・販売・サービス部門」向けに修正・追加する必要があることが明らかになってきました．

こうした背景から，「事務・販売・サービス部門」向けの手順や手法をわかりやすく解説することは，たいへん有意義なものと考え，幹事研究会をスタートし，「事務・販売・サービス部門」の中でも，とくに「事務・間接職場」にねらいを絞って，検討・研究を行いました．

本書は，この2009年度から2010年度にまたがる2年分の研究・検討内容を集約しまとめたものです．

これから改善活動を始めようとしている，あるいは活動をすでにスタートしているが，活動をさらにレベルアップしたいと考えている「事務・販売・サービス部門」，とくに「事務・間接職場」の皆様に本書を活用していただけると幸いです．

各章・節の執筆分担は，巻末に記しましたが，原稿執筆にご尽力いただいた幹事研究会の各メンバーに感謝するとともに，幹事研究会をサポートしてくださったQCサークル京浜地区2010年度事務局の島貫真理子様に深く感謝申しあげます．

また，本書の出版の機会を与えていただいた㈱日科技連出版社の田中健社長をはじめ，貴重な助言やご協力をいただきました出版部長の薗田俊江氏，石田 新氏に，深く感謝申しあげます．

2011年7月　　　　　QCサークル京浜地区2010年度幹事研究会
　　　　　　　　　　　　　　　　　リーダー　羽田　源太郎

事務・間接職場の改善活動のノウハウ

事務・間接職場の改善活動のノウハウ
CONTENTS

はじめに ……………………………………………………………………… iii

第1章　改善活動 ………………………………………………………… 1
　1.1　職場での改善活動 ……………………………………………………… 3
　1.2　QCサークル …………………………………………………………… 6
　1.3　小集団と改善活動 ……………………………………………………… 7

第2章　「事務・間接職場」での改善活動 ………………………………… 9
　2.1　事務・間接職場 ………………………………………………………… 11
　2.2　「事務・間接職場」の特徴 …………………………………………… 12
　2.3　「事務・間接職場」における改善活動推進上の困難さ …………… 15
　2.4　「事務・間接職場」における基本的改善の手順 …………………… 18

第3章　「事務・間接職場」における小集団活動のフェーズと改善の手順 … 27
　3.1　小集団活動のフェーズ ………………………………………………… 29
　3.2　小集団活動のフェーズに応じた改善の手順 ………………………… 31
　　(1)　手順0　改善活動の位置づけへの理解 ……………………………… 31
　　(2)　手順1　業務の明確化 ………………………………………………… 31
　　(3)　手順2　業務手順の見える化 ………………………………………… 33
　　(4)　手順3　業務工数の把握 ……………………………………………… 34
　　(5)　手順4　課題の洗い出しとテーマ選定 ……………………………… 36
　　(6)　手順5　チーム編成 …………………………………………………… 44
　　(7)　手順6　改　善 ………………………………………………………… 51
　　(8)　手順7　標準化と管理の定着 ………………………………………… 60
　　(9)　手順8　反省と今後の課題 …………………………………………… 69

第4章　改善の各手順で有効な手法　　73

- 4.1 「方針管理」　　78
- 4.2 「業務機能展開シート」　　82
- 4.3 「業務フローシート」　　85
- 4.4 「業務体系表」と「業務工数実績表」　　89
- 4.5 「問題プロセス抽出シート」　　93
- 4.6 「ギャップ整理シート」　　99
- 4.7 「テーマ選定評価マトリックス図」　　103
- 4.8 「系統図」(方策展開型，構成要素展開型)　　105
- 4.9 「業務モニタリングシート」　　108
- 4.10 「ビジュアルマニュアル」　　114
- 4.11 「巻紙分析」　　124

参考文献　　131
索　　引　　132

第 1 章

改善活動

1.1 職場での改善活動

　職場における改善活動は，改善の対象とする問題・課題の捉え方と改善に取り組むメンバー編成，グループの視点から見ると，大きく3つに分けられます(図1.1参照).

(1) 個人ベースでの改善

　「個人ベースでの改善」とは，日常の業務を遂行する中で，「ここはちょっと直したほうがいい」とか「ここは重複してムダだから省こう」など，気がついたことをその都度改善していくような活動です．

　つまり，個人が，気がついた範囲で，その都度改善を行うことです．

(2) テーマ(ねらいとする問題・課題)を選んで小集団で改善

　「テーマを選んで小集団で改善」とは，自職場の仕事を中心とした，個人ベースでの改善よりもう少し複雑な問題・課題を対象とした活動です．たとえば，複数の担当者間にまたがる業務や，他部門と関係する業務や，担当者が一人でもやや複雑な業務などで，ムダ・ムラ・ムリなどの非効率な点があり，改善を必要とするものを対象として，テーマ(ねらいとする問題・課題)を選んで改善に取り組みます．

　この場合，多くの企業・団体では，複数のメンバーが集まって小集団(サークルやチーム)を形成し，自分たちが関わる業務を中心とした問題・課題を取り上げて，改善に取り組みます．

　小集団活動を，組織活動として会社，事業所(工場)が取り上げて推進する場合は，小集団の登録，テーマ(ねらいとする問題・課題)の登録・完了報告などの仕組みを制度化することが一般的です．

　また，この小集団は，課・係・班・グループといった既存の会社組織を

ベースにしたメンバーで構成されるのが一般的ですが，他部署の小集団と一時的に合体して連合サークルを形成したり，一人でテーマ解決に当たるパーソナル QC などの活動形態をとる場合もあります．

(3) 選抜されたメンバーで改善（プロジェクト型チーム活動など）

「選抜されたメンバーで改善」とは，関連する部門が多数で，組織横断的な問題・課題を対象とする活動や極めて専門性が高い課題を対象とする活動です．

この場合，一般的には上司からテーマ（ねらいとする問題・課題）が与えられ，その解決に必要なメンバーを選出し，チームを結成して改善に取り組みます．与えられたテーマに対し，課・係・班・グループなどの既存組

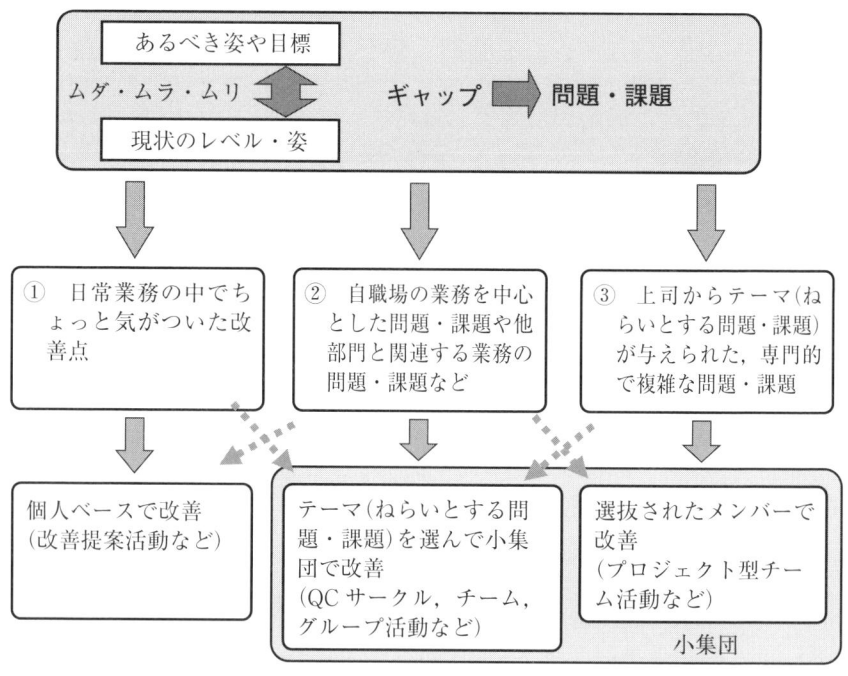

図 1.1　問題・課題と改善に取り組む小集団の編成との関係

織からメンバーを選出したり，組織横断的メンバーで構成される，いわゆるプロジェクト型のチームです．

また，このプロジェクト型チームは，与えられたテーマが解決し，完了すると解散します．

以上のような問題・課題の捉え方の区分けとメンバー編成の区分けの関係は，あくまでも一般的なもので，多種多様な問題・課題に応じた柔軟なメンバー編成が行われています．日常的な問題・課題を小集団でテーマに取り上げたり，専門的な問題・課題を小集団のテーマに取り上げて改善する場合もあります．

本書の対象は，上記の区分けのうち，個人ベースの改善は除いて，「(2)テーマを選んで小集団で改善」と「(3)選抜されたメンバーで改善」する場合とします．

また，プロジェクト型チーム活動などと一般的小集団活動とを区別する場合もありますが，以下では，プロジェクト型チームも含めて小集団活動と表現します．

1.2　QCサークル

　QCサークルは，1962年4月に発刊された『現場とQC』(現在の『QCサークル』)誌の中で，編集委員長の石川馨先生(当時，東京大学教授)が，QCを勉強する小集団あるいはグループの結成を呼びかけ，そこで結成された小集団・グループを「QCサークル」と名づけたことに始まります．

　その後，日本の高度成長とともに，多くの企業・団体に広まり，海外でも「KAIZEN」として認知され，アジアの国々を中心に世界各国でQCサークル活動が展開されています．

　このQCサークル活動は，生まれ育った経緯から，ものづくりの製造部門を中心に行われてきましたが，その後，産業界の多様な業種に広がり，銀行，建設，運輸，小売，医療，福祉などの業界でも活発な活動が行われています．

　こうした活動を展開している各企業・団体では，社内での呼称を「QCサークル活動」としているところもありますが，スタッフ部門のチーム活動なども包含する形で「イノベーションサークル活動」とか「チャレンジ21活動」など，それぞれの団体ごとに特色ある名前を付けている企業も多いようです．

　本書で対象とする小集団・グループは，「サークル」「チーム」「グループ」や「プロジェクト型チーム」など種々の呼び方にこだわらずに，職場の改善に向けて，組織的・継続的に取り組む小集団・グループです．

　チーム編成については，第3章「3.2　小集団活動のフェーズに応じた改善の手順　(6)　手順5　チーム編成」で詳しく解説します．

1.3　小集団と改善活動

　職場の問題・課題の解決に向けて，小集団で改善活動に取り組むことは，次のような数々のメリットがあります．
（1）　職場のムダ・ムラ・ムリなどが改善され，効率的に仕事をすることができ，担当者も楽になって，組織能力が向上します．
（2）　問題・課題を解決することが，問題解決の手順に代表されるような論理的思考を訓練する場となります．また，結果を報告書にまとめたり，人前で発表するなどの経験を通して，物事を筋道立ててわかりやすく説明するスキルを身につけることができます．
（3）　問題・課題を解決する過程で，自部門だけでなく，関連部門の実情などを知ることや，周囲の人との議論を通じて，業務に関する幅広い情報や知識を習得することで，業務に対する理解が深まるとともに幅も広がります．
（4）　職場の仲間や関連部門の人と交流することで，コミュニケーションがよくなり，一匹狼的な仕事の進め方が多い「事務・間接職場」の風通しをよくすることができます．
（5）　職場の仲間の仕事を知ることで，担当できる業務分野が広がり，「事務・間接職場」での多能工化をはかることができます．
（6）　改善を通じて，業務を見える化し，標準化・パターン化することで，担当者以外の人でも容易に代行することができるようになり，その業務をアウトソーシングすることが可能となります．
（7）　複数の人でチーム（サークル，グループ）を編成し，活動することで，そのチーム，サークル，グループをまとめて引っ張っていくというリーダーシップを発揮でき，実践する経験を積んだ，職場第一線のリーダーを育てることができます．

第 2 章

「事務・間接職場」での改善活動

2.1 事務・間接職場

「事務・販売・サービス部門」は，官公庁，銀行，鉄道，旅行，飲食，小売，医療，福祉，IT系などの企業・団体や人事，総務，経理などを対象範囲としており，極めて広範囲な職種，職掌にわたっています．

そこで，論点が散漫になるリスクを避けるため，本書でこれから解説する対象の分野を「事務・間接職場」とすることにします．本社部門や工場間接部門の人事，総務，経理部門などの事務業務を主体とする職場が主たる対象です．別の言い方をすると「オフィス業務を主とする職場」です．

その理由は，工場間接部門が改善活動を得意とする製造部門に近い存在であることから，従来の製造部門を中心として改善活動で用いられてきた用語や考え方に接し，見聞きする機会があり，比較的理解してもらいやすいという点です．

2.2 「事務・間接職場」の特徴

職場における問題・課題を小集団で解決することは多くのメリットがあります．これを企業・団体の組織活動として組織的に継続して推進するには，数々の難しい点もあります．

その推進上の困難さを考える前に，まず「事務・間接職場」の特徴*を取り上げてみます（図2.1参照）．

> (1) 担当の業務範囲や業務内容があいまいである
> (2) 担当が専門化・細分化されている
> (3) 業務が非定型的・同時並行的である
> (4) 組織横断的業務が多い
> (5) 業務成果の管理項目が不明確で，効果を目に見える形で捉えることが難しい
> (6) 個々人の能力評価が難しい

図 2.1 「事務・間接職場」の特徴

(1) 担当の業務範囲や業務内容があいまいである

主要な業務や毎年，毎月繰り返しのある業務の主要部分は，明確ではっきりしていますが，どこまで，どの程度までといった詳細は，担当者個人の資質に依存する部分が多くあります．ていねいに仕事をする人は，念を入れた仕事をするけれども，大雑把な性格の人は，そこそこのていねいさで済ませてしまいます．また，気配りができる担当者は，自職場だけでなく関連職場との連携，調整も配慮したりします．しかし，そこまでしなくても仕事自体は済んでしまうこともあり，担当する業務の範囲や内容に，あいまいな点を持っている職場といえます．

また，仕事の細部の進め方や関連部門との調整の範囲などは，経験に頼

---

* 「事務・販売・サービス部門」の職場の特徴と小集団プロセス改善活動推進の困難さについては，[㈳日本品質管理学会 管理・間接職場における小集団改善活動研究会編，『開発・営業・スタッフの小集団プロセス改善活動』日科技連出版社，2009 年]に詳しく解説されています．

ることが多く，スキルの向上を個人の努力に任せてしまうなど，個人に依存することが多い職場です．

(2) 担当が専門化・細分化されている

一つの仕事を複数の人が担当することは稀で，一人ひとりが別々の仕事を担当していることが多い職場です．個人で処理する仕事が多く，職場の人と一緒にチームで仕事をする機会が少ないので，隣の人は何の仕事をしているかわからないこともあります．

(3) 業務が非定型的・同時並行的である

毎年，毎月繰り返しのある業務でも，まったく同じことを繰り返すことはなく，そのたびに何らか修正や変更が求められる仕事です．また，いくつかの仕事を同時並行的にこなしていくことが求められます．担当者は，自分の仕事には繰り返しがなく，常に修正や変更が求められており，標準化することができないと考えているようです．しかし，一連の仕事を半期や年度単位で考えると基本的パターンは繰り返されていることが多く，定型業務と非定型業務が混在しているといえます．

(4) 組織横断的業務が多い

業務が，自職場だけで完結することは少なく，周囲の複数の関連職場との連携が必要となり，関連職場との調整事項が業務の主要な部分を占める場合も多い職場です．

(5) 業務成果の管理項目が不明確で，効果を目に見える形で捉えることが難しい

「事務・間接職場」では，製造部門の生産量や収率，ロス率，稼働率などのように，業務遂行の善し悪しを判断する管理項目が設定されておら

ず，管理項目とその指標が日常的に管理されていません．こうした管理指標がはっきりしていないために，問題・課題を定量的に捉え，共有化することが困難です．

また，業務を遂行した結果，現われる効果が目に見えるような形で現われるまでに時間がかかります．このため，業務遂行や改善の効果を定量的に評価することに難しさが伴うという特徴を持っています．

(6) 個々人の能力評価が難しい

製造部門では，そのラインや職場で必要な技能・知識などが明確に定義され，作業手順や技能の要求レベルまで細かく規定されているうえに，その修得のための技能訓練も実施されています．しかし，「事務・間接職場」では，業務に必要な技能（スキル）や知識があいまいで明確になっていないことが多いようです．

多くのスキルや幅広い知識を持っているほうが良いのですが，最低限どの程度まで必要かが明らかにされておらず，個人の経験に依存しているのが実情です．

また，必要な技能（スキル）や知識の修得は，実業務を担当するという経験を通じて行われることが多く，教育や指導に関する意識が低い職場環境です．

2.3 「事務・間接職場」における改善活動推進上の困難さ

前述のような特徴を持つ「事務・間接職場」で改善活動を推進しようとすると，以下のような困難さがあります．

(1) 業務内容や範囲の細部が不明確で，改善すべき範囲やターゲットがあいまいとなる

個人の判断に依存する部分が多いために，改善すべきターゲットがあいまいとなり，改善活動を組織的・継続的に進めるうえで，活動に否定的意見が出やすい状況下にあります．

(2) 業務が担当ごとに異なり，問題点を共有化できない

担当業務が専門化・細分化されているために，各担当が抱える問題・課題を職場の人と共有化することが難しく，複数のメンバーでチームを組み，問題・課題の解決に向けて取り組む機会が少ないという職場環境にあります．

(3) 業務のプロセスが見える化されていない

毎年，毎月繰り返しのある業務でも，その都度何か修正や変更が求められるため，定型的業務とは捉えられていません．業務のプロセス（流れ，手順）を目に見える形で表わすことに慣れておらず，さらに見える化がされないことから，業務内容を職場のメンバーと共有化することが困難となっています．

また，業務フロー図の書き方が教育されておらず，業務フロー図がほとんど作られていないのが実情です．

しかし，工場の総務部門などは担当者の入れ替わりが激しいので，業務

引継ぎをしっかり行う必要性から，かなり充実した業務マニュアルが作られている会社も多いようです．

(4) 自工程で完結しない業務が多く，業務の成果が自分以外の人に左右される

周囲の複数の関連部門との調整が多く，相手の状況に応じて対処することが求められるため，その成果を評価することが難しいうえに，直接的に売上げや利益に影響を及ぼすことは稀で，成果を実感することが難しい職場です．

(5) 改善の効果を定量的に捉えることが難しい

業務遂行の善し悪しを判断する管理項目が不明確で，改善した結果がどの程度良くなったのか定量的に表わすことが難しく，製造部門のように収率向上や稼働率の向上といった目に見える成果を定量的にアピールすることができません．

また，成果が短期的に目に見える形で出にくいために，管理職の関心が薄く，活動に対する評価がされにくい状況下にあります．

(6) 改善活動を通じた個々人の能力向上を評価することが難しい

担当者に必要な業務スキルが明確でなく，個々人の業務スキルも把握されていないので，活動を通じた個人の能力向上をアピールできないし，適切な評価がされていません．

小集団による改善活動には，業務の内容そのものはもちろんのこと，関連する知識や技能を修得し，さらに小集団という複数人で取り組むことでコミュニケーション力を養成し，リーダーシップを向上させる効果があります．しかし，「事務・間接職場」は個人の成長を定量的に捉えにくく，短期的成果も見えにくいために，人材育成・能力向上という効果は，あま

り評価されていないようです.

「事務・間接職場」の特徴と改善活動上の困難さの関係を表 2.1 に示します.

表 2.1 「事務・間接職場」の特徴と改善活動推進上の困難さの関係

「事務・間接職場」の特徴	「事務・間接職場」における改善活動推進上の困難さ
(1) 担当の業務範囲や業務内容があいまいである	(1) 業務内容や範囲の細部が不明確で,改善すべき範囲やターゲットがあいまいとなる
(2) 担当が専門化・細分化されている	(2) 業務が担当ごとに異なり,問題点を共有化できない
(3) 業務が非定型的・同時並行的である	(3) 業務のプロセスが見える化されていない
(4) 組織横断的業務が多い	(4) 自工程で完結しない業務が多く,業務の成果が自分以外の人に左右される
(5) 業務成果の管理項目が不明確で,効果を目に見える形で捉えることが難しい	(5) 改善の効果を定量的に捉えることが難しい
(6) 個々人の能力評価が難しい	(6) 改善活動を通じた個々人の能力向上を評価することが難しい

2.4 「事務・間接職場」における基本的改善の手順

(1) 基本的改善の手順

「事務・間接職場」の特徴と改善活動を推進するうえでの困難さを踏まえ，「事務・間接職場」における改善活動は，基本的には図2.2のような手順で進めます．

従来からQCストーリーといわれてきた「問題解決の手順」と比べると（図2.3参照），テーマ選定より前の手順が多くなっています．これは，改善活動に取り組む前提となる職場の日常管理や職場の業務マネジメントが，製造部門では比較的しっかりとなされているのに対し，「事務・間接職場」では，ほとんどなされていないという状況を考慮したからです．また，発生した問題への対応だけでなく，職場や会社の今後の姿も視野に入

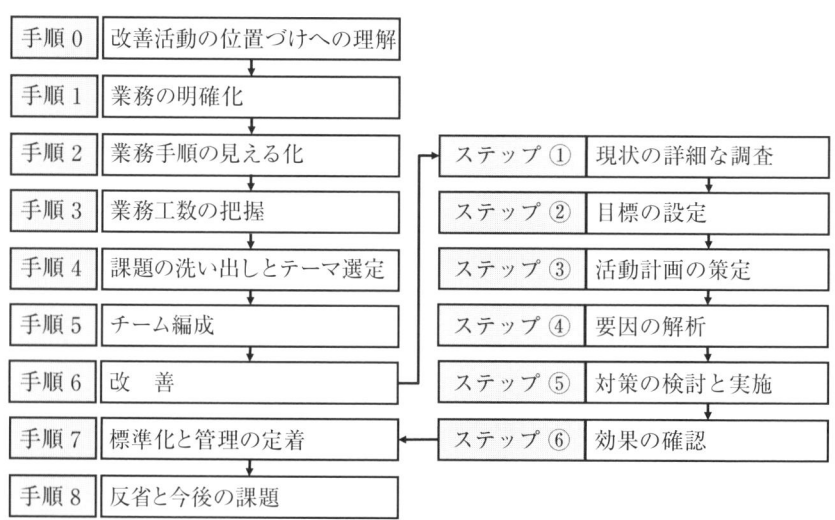

図2.2　改善の手順

れた，最適な改善テーマに取り組むことも目指しています．

1) 手順0　改善活動の位置づけへの理解

　企業・団体などで行われる組織的な活動として，QC サークルに代表されるような小集団による改善活動に取り組むには，まずその活動のねらい・目的，位置づけを明確にして，経営トップや管理職（部・課長）から職場第一線のメンバーまで全員が理解し，共有化する必要があります．

　ある職場のボスの思い込みだけでは，継続的な活動となりません．また，改善活動だけを全社的に展開しても，活動に期待するものが過大となり過ぎて頓挫した例が数多くあります．

　さらに，管理職がこの活動のねらいを正しく理解し，関心を持って指導・支援するとともに，正当な評価をしなくては，部下はついてきません．

　QC サークル活動は，総合的品質管理活動（TQM）などの全社的な活動の一環として，改善活動のねらい・目的，位置づけを明確に提示して，組織的・継続的に取り組むのが望ましい姿です．

　全社的な活動には，TQM 以外に TPM や JIT，ISO，シックス・シグマなど多くありますが，そうした全体の活動の中に改善活動をしっかりと組み込んでいくことが大切です．

2) 手順1　業務の明確化

　職場の業務は通常，職務分掌によって定められていますが，改善に取り組むためには，業務内容をより具体的に把握し，表現することが必要です．

　そこで，職務分掌をもとに上司を交じえて，自職場の機能，目的，範囲などについて話し合って，職場のメンバー全員で理解し合い，共有化し，体系立てて明文化します．同時に，その業務の主担当が誰で，承認者が誰

かも確認します．

3) 手順2　業務手順の見える化

　個々の業務について，具体的な手順や帳票，関連する情報の流れなどを明らかにし，さらにそれらが担当以外の人にもわかるように見える化します．

4) 手順3　業務工数の把握

　個々の業務の手順ごとに，どの程度の工数(時間)がかかっているかを明らかにします．

　製造の組立ラインなどでは，IE手法(Industrial Engineering：生産工学)を使って，ストップウォッチを片手に秒単位で作業時間を測定して，改善に取り組んでいます．

　オフィス職場でも，どんな業務にどの位の時間がかかっているかを把握することは改善の第一歩です．また，業務を定量的に捉える基本でもあります．オフィス職場では，さすがに秒単位の細かさは必要ありませんが，どの程度の細かさまで調査・記録するかは，職務分掌をもとに作られた業務体系と，その分類の細かさやその職場の改善レベルによって異なります．

5) 手順4　課題の洗い出しとテーマ選定

　手順3までのステップで現在の業務遂行の実情を把握すると，種々の問題・課題がわかってきます．「これは何かおかしい，ムダが多い」など，これまで漠然と感じていた問題点を，改善するという目的意識を持つことではっきり認識できるようになります．

　一方，職場の方針やあるべき姿と現状とを対比させると，また別な視点の問題・課題が見えてくるかも知れません．それらを洗いざらい出し合っ

て，現在の職場が抱える問題・課題を整理して，メンバーで共有します．

問題・課題は一つではなく，複数あります．その問題・課題の中から，今回改善に取り組むテーマを選択します．

選択するに当たっては，どういう視点で評価するか，まず重要度・緊急度などの評価項目を決めて評価し，改善テーマにふさわしい内容を選択します．

改善対象として，今回選ばれなかった問題・課題についても，次回の改善テーマとしておくのか，日常的改善として改善の実施に取り組んでいくのかなど，今後の扱いについても取決めをしておきます．

これらの内容を検討するに当たり，職場のメンバーに管理職も加わった"職場検討会"といった，関係者が一堂に会する場を設定して，問題・課題の整理と優先順位づけを行い，今回取り組む改善テーマを決めていくやり方も効果的です．

6) 手順5 チーム編成

改善対象とするテーマが決まったら，そのテーマの解決に向け，チームを編成します．

基本的には会社の職場組織(課・係やグループなど)をベースにして編成しますが，テーマの特質に応じて，関連部門から選抜された人たちで編成する組織横断型チームや専門家に参画してもらってチームを編成することもあります．

従来のQCサークル活動では，まずサークルを編成して，そしてそのサークルが改善テーマを選定するというのが主流ですが，「事務・間接職場」では，改善テーマが決まった後に，その改善テーマに適したチームを編成することが有効なケースが多々あります．これについては，第3章「3.2 小集団活動のフェーズに応じた改善の手順 (6) 手順5 チーム編成」で詳しく解説します．

7) 手順6　改善

　問題点が明らかになり，改善テーマが決まれば，いよいよ改善に取り組みます．改善の手順は，従来のQCストーリー(問題解決の手順)と言われるような改善の手順に沿って進めます．

　改善の手順には，問題を発生させている原因を究明して，その原因を除去することで問題を解決する問題解決型の手順を基本にして，今までに経験したことがない新しい業務や新しい方法を導入することで問題・課題を解決する課題達成型の手順，問題の要因や対策の方向がほぼ見えているときに活用する施策実行型の手順などがあります．テーマや小集団のレベルに応じて使い分けます(図2.3参照)．

　本書では問題解決型の手順に沿って改善の手順を説明しますので，課題達成型や施策実行型の手順を実施する場合には，それぞれの手順を説明した解説書を参考にしてください．

　問題解決型の手順は以下の通りです．

① 現状の詳細な調査
② 目標の設定
③ 活動計画の策定
④ 要因の解析
⑤ 対策の検討と実施
⑥ 効果の確認

8) 手順7　標準化と管理の定着

　改善した結果，効果が得られた施策については，効果が持続するように，しっかりと標準化をして管理の定着をはかります．

　しかし，一旦標準化したことも，時間が経過し，担当が変わると見直しも必要ですから，どの程度の期間で標準を見直すかもしっかりと標準化の中で明示しておきます．

第 2 章 「事務・間接職場」での改善活動

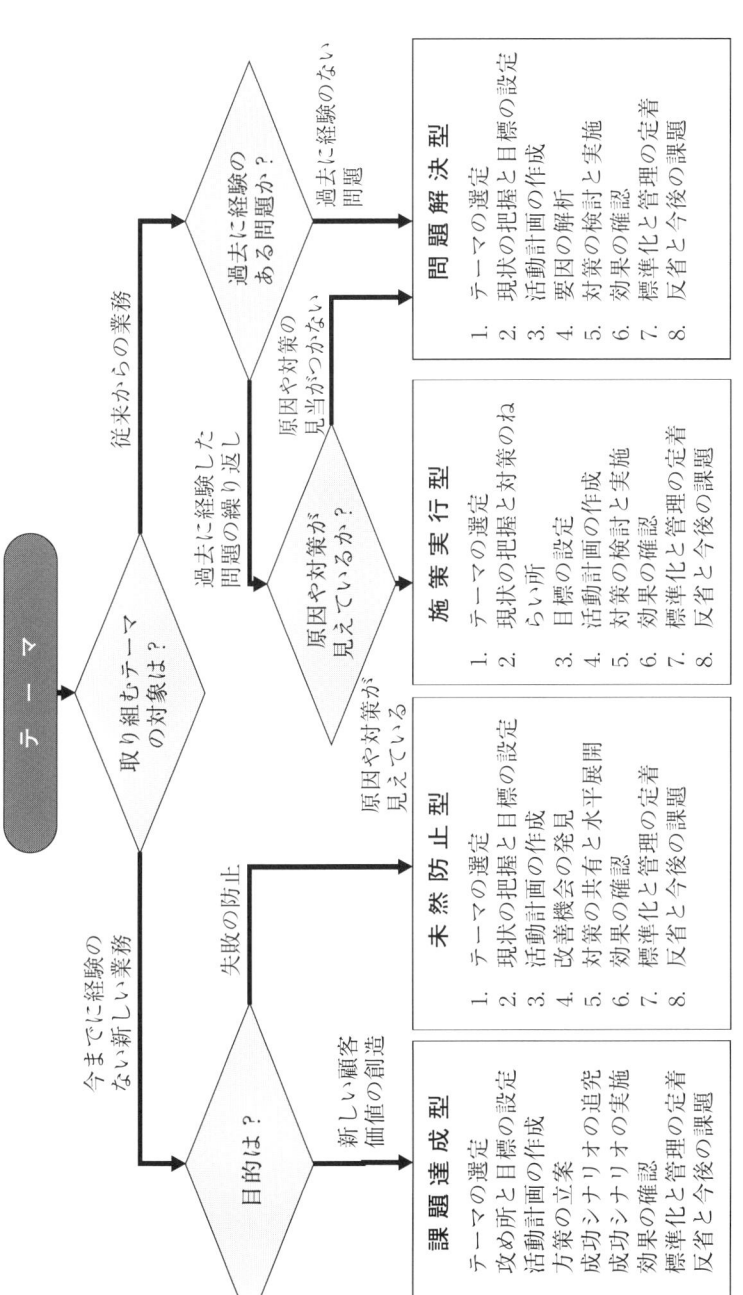

図 2.3 問題解決の手順の選択

(出典:(社)日本品質管理学会 管理・間接職場における小集団改善活動研究会編,『開発・営業・スタッフの小集団プロセス改善活動』,日科技連出版社,2009 年)

標準書やマニュアルは，文章だけでなく，写真や動画などを上手く使ってわかりやすいものにする工夫が必要です．

9) 手順8　反省と今後の課題

テーマに取り上げた問題・課題の解決ができたら，今回の改善活動を振り返り，良かったこと，悪かったことを洗い出します．良かったことはさらに伸ばし，悪かったことは反省して，次期の活動に反映させます．つまり，改善活動のPDCA（Plan：計画，Do：実施，Check：確認，Act：処置）を回すのです．

さらに，今後取り組むべき課題も明らかにしておきましょう．

10) 全体を通じて

改善の各手順ごとに区分けした概要は以上ですが，全体を通じて忘れてはいけないことは，正当な評価と人材育成という以下に述べる2つの視点です．

① 管理職の関与と正当な評価

この活動を活発化し，企業として有意義で有効なものにするためには，管理職（部・課長）がこの活動のねらい・目的，位置づけをよく理解し，部下の活動に強い関心を持って指導・支援するとともに，正当な評価をすることが不可欠です．活動に一生懸命取り組んでも，何のレスポンスもなければ，部下の熱意は消えてしまいます．

自職場の抱えている問題や課題，そして目指す方向などを語り合い，部下と一緒に問題・課題に取り組む姿勢が必要です．活動の進展に応じて指導・支援を行い，活動をサポートすることが肝心です．

さらに，「テーマ完了報告書」「期末反省書」などを通じて，成果を確認するとともに，活動に関する正当な評価を行うことも極めて重要です．いくら頑張っても評価されないと，改善活動がつじつま合わせの余分な仕事

となってしまいます．

また，プロジェクト型チームのように組織横断的なメンバー構成で活動する場合の評価については，誰がどのように評価するのかあいまいとなりますので，組織としてのルールを明確にしておく必要があります．

こうした評価に関する仕組みを整備することも，活動を活性化するための推進事務局の重要なポイントです．

② 人材育成

各手順それぞれで，いろいろな学習，ノウハウの伝承などが随時行われています．業務の内容を調査したり，関連部門とコミュニケーションをとって情報を集めたり，データを整理したりと，改善活動の個々の行動を通じて，業務内容やデータの整理の仕方，まとめ方など多方面にわたって，普段の業務では決して得ることのできない知識・技術を修得し，各人の能力向上へつながっていきます．

こうした効果を十分発揮できるようにするためには，管理職や推進者がこの人材育成面の効果を十分理解して，活動のあらゆる面で指導・支援することが重要です．

(2) 改善のサイクル

改善の手順は，手順0～8で構成されていますが，手順0～2は，半期ごとや年度ごとに行われるのが通常です．手順3は，日常的に実績を記録していくもので，まとめて記録するのではなく，できるだけ毎日記録しましょう．手順4～8が，従来のいわゆる問題解決の手順に相当するもので，テーマごとに手順4，5，6，7，8，4，5，…と繰り返し行うものです(図2.4参照)．

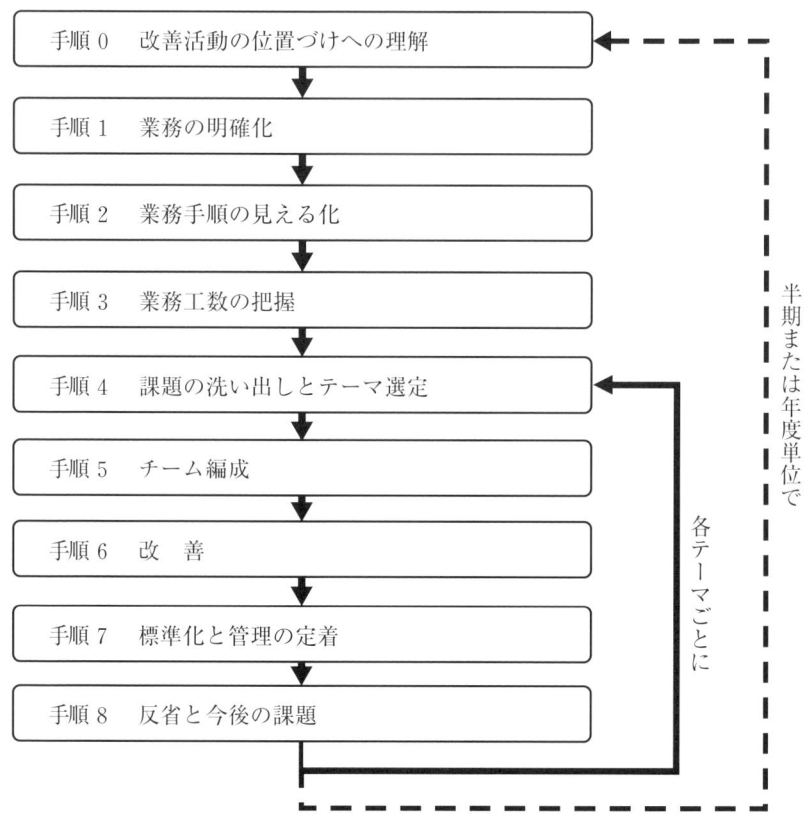

図 2.4　改善のサイクル

第3章

「事務・間接職場」における小集団活動のフェーズと改善の手順

3.1 小集団活動のフェーズ

「製造部門」では，古くから改善活動に取り組んでおり，歴史と経験を積んでいますが，「事務・販売・サービス部門」「事務・間接職場」における改善活動は，その活動歴が短いうえに，多様な組織の風土，歴史，職種などが異なり，改善活動の知識，経験レベルも幅広いという特徴があって，一様に論じると話の論点がすれ違ったり，誤解を生じたりすることが多く，活動が活発に行われないことがありました．

また，改善活動を始めて間もない職場での活動や，整理・整頓を中心とした5S（整理・整頓・清掃・清潔・しつけ）活動や改善提案活動などの身近な小さな改善活動を主に取り組んでいるようなフェーズにある職場と，全社的な改善活動が展開されていて方針管理，日常管理が確実に展開・実施されている職場で行われている改善活動のフェーズでは，その活動内容の精緻さに大きな違いがあります．

したがって，そうした活動のフェーズの違いに応じて，改善の緻密さや深さ，そのときに使われる手法も異なることになります．

これまで，「事務・販売・サービス部門」「事務・間接職場」の改善活動について説明する場合，活動フェーズが考慮されてこなかったために，身近な活動をねらいとする活動内容と，幅広い緻密な全社的な活動をねらいとする活動内容が混同されて，同一次元で説明されていました．このため，活動開始時に説明を受けた活動の内容の緻密さやレベルの高さが導入初期の人たちを臆病にさせたりした弊害もありました．

そこで，活動を開始して間もない人たちに，「そこまでしなくてはいけないの？」「そこまでやるの？」といった誤解と不安を与えることを回避し，自分たちの現在の活動フェーズとこれから目指すべき活動フェーズを明確にして，自分たちの組織風土に合った改善活動に取り組むために，改

善活動のフェーズを次のように大きく3つに分けて，説明することにしました．

- フェーズ1：身近な問題を中心に改善活動をするフェーズ
- フェーズ2：職場への貢献をベースに改善活動をするフェーズ
- フェーズ3：企業への貢献をベースに改善活動をするフェーズ

表3.1　改善活動のフェーズの内容

	活 動 の 内 容
フェーズ1	・改善活動の経験がほとんどないか，改善活動を始めて間もない職場，あるいは整理・整頓を中心とした5S活動や個人で行う改善提案活動を実施している職場で，身の回りの問題点の改善を中心とした活動を想定している． ・全社的活動は実施されていないか，実施後間もないために，改善活動が単独の活動となっているレベル．
フェーズ2	・TQMなどの全社的活動が展開されており，チームやサークルが編成されて，小集団による改善活動も継続的・組織的に推進されている職場を想定している． ・方針管理書などを通じて，会社や部門方針を確認しながら改善活動は活発に行っているが，改善の視点が自分たちの仕事や職場が中心になっている． ・「フェーズ1」と「フェーズ3」の中間的な状況で，職場の最適化が中心で「フェーズ3」ほどには全社最適化への徹底・充実がされていない活動のレベル．
フェーズ3	・TQMなどの全社的活動が展開されており，デミング賞や日本品質管理賞などを受賞した経験がある企業や，それらの賞を目指した活動が行われている会社・職場を想定している． ・改善活動は，TQMなどの全社的活動の主要な柱の一つとして明確に位置づけられており，方針管理や日常管理などのマネジメント手法と連携して展開され，活動の視点は絶えず全社最適化への貢献を意識した活動を目指しているレベル． ・固定的なメンバーによる小集団だけではなく，組織横断的なメンバーによるチーム活動や問題が発生する前の未然防止活動なども，必要に応じて随時行われている．

3.2　小集団活動のフェーズに応じた改善の手順

改善の手順の解説では，各フェーズでの違いに言及しながら，各手順の中でどのような活動を行うか説明します．

(1)　手順0　改善活動の位置づけへの理解

企業・団体などで行われる組織的な活動として取り組むには，まず，その活動のねらい・目的，位置づけを明確にして，経営トップや管理職(部・課長)から職場第一線のメンバーまで全員で理解し，共有化することが大切です．

TQMなどの全社的な活動が展開されている職場では，そうした全社活動の一環として明確に位置づけて，組織的・継続的に取り組むのが望ましい姿です．さらに，管理職(部・課長)は経営トップの意向を良く理解して，この活動への関心を持って，レベルに応じて部下の指導・支援を行い，得られた成果を確認するとともに，活動に関する正当な評価を行うことも極めて重要です．

この手順は，組織的活動として展開するための重要な基盤づくりであり，推進事務局が主体となって進めることになります．

(2)　手順1　業務の明確化

職場の業務は，通常，職務分掌によって定められていますが，改善に取り組むためには，業務内容をより具体的に把握し，表現することが必要です．

そこで，職務分掌をもとに，自職場の機能・目的・範囲などについて話し合って，職場のメンバー全員で理解し合い，共有化し，明文化します．

表 3.2 「手順 0　改善活動の位置づけへの理解」のフェーズ別取組み

	活 動 の 内 容
フェーズ1	・改善活動を会社の施策として展開・実施することを全社員にアナウンスして，改善活動のねらい・目的などを全社員に徹底する． ・社長や役員などの経営トップからも，社員向けに講話や挨拶をする時など機会あるごとに，この改善活動について熱い思いを自分の言葉で話していただくことで全員の理解を深め，活動の必要性を認識させる．
フェーズ2	・TQM 活動などの全社的な活動が展開され，方針管理や日常管理などのマネジメントツールが取り入れられている組織で，改善活動を全社的活動の一環として展開・推進することが位置づけられている． ・職場では方針管理などを通じて，改善活動のねらい・目的，位置づけ，そして活動方針・目標などが明確に提示される． ・改善活動では職場の問題・課題の解決が中心であるが，組織的・継続的に取り組み，社長や役員など経営トップからも，年度方針説明会など，機会あるごとに改善活動について話がある． 　　　　　　　　　　　　　　　　　　　　　（第 4 章「4.1 方針管理」参照）
フェーズ3	・TQM 活動などの全社的な活動が，全社的に充実・徹底して展開され，方針管理や日常管理などのマネジメントツールが高度に活用されている． ・組織の経営トップから下位へ「社長年次方針」「事業部長方針」「部長方針」「課長実施計画書」と順次方針が展開され，実施された結果が，「フォローアップシート」「期末反省書」などと一体となって活動のPDCAが回される． ・方針あるいは実施計画に改善活動が明確に位置づけられ，その組織の重要課題の一つとして組織的・継続的に取り組みがなされ，職場の問題・課題を改善することで全社の課題の解決に貢献することが期待されており，この小集団による改善活動が重要な役割を担って推進される． ・社長や役員など経営トップからも，年度方針説明会など機会あるごとに，この改善活動について触れてもらうことはもちろん，発表会などのイベントには必ず出席していただき，この改善活動に対しての熱い思いを自分の言葉で語っていただく． 　　　　　　　　　　　　　　　　　　　　　（第 4 章「4.1 方針管理」参照）

表3.3 「手順1　業務の明確化」のフェーズ別取組み

活動の内容
フェーズ1	● 自分たちの職場の業務内容について，職場の職務分掌を意識しながら話し合い，それらを箇条書きにまとめて分類・整理する． ● できている業務だけでなく，現在はできていなくても本来やらなければいけない業務も含めて，話し合う． ● 人によって仕事への見方・考え方の違いを明らかにして，話し合いで認識を合わせる（大きく意見が異なる場合は，上司にも入ってもらい，あるべき姿についても考慮しながら検討する）． ● 職場のメンバーで合意できた内容を箇条書きにして，業務の種類ごとに分類・整理する．
フェーズ2	● 自分たちの職場が果たすべき役割・機能・目的・業務範囲などについて，自分たちの職場の職務分掌をもとに話し合う． ● 職場のメンバーで合意できた内容を箇条書きにして，さらに業務の種類ごとに大分類，中分類と系統立てて分類・整理する． （第4章「4.4 業務体系表と業務工数実績表」参照）
フェーズ3	● 自分たちの職場が会社の中で果たすべき役割・機能・目的・業務範囲などについて，自分たちの職場の職務分掌をもとに話し合い，それらを箇条書きにする．箇条書きにした内容を，業務の種類ごとに大分類，中分類，小分類と系統立てて分類・整理する． ● 本来業務と運営業務を明確に区分けする． ● 本来業務は業務の遂行状況の良否を判断する「管理項目」とそのレベルを明確にして，業務が順調に進んでいるか，遅れ気味なのかを容易に判断できるようにする． ● 業務の分類の細かさは，業務工数の把握と関係するので，改善活動に必要となる精度を考慮に入れて判断する． （第4章「4.2 業務機能展開シート」参照）

(3) 手順2　業務手順の見える化

　個々の業務について，具体的な作業の手順や帳票，関連する情報の流れなどを明らかにし，さらに，それらが担当以外の人にもわかるように見える化します．

表3.4 「手順2　業務手順の見える化」のフェーズ別取組み

	活 動 の 内 容
フェーズ1	● リストアップされた自職場の業務の中で，主要な業務について見える化する． ● 業務の流れを見える化するには，各作業項目を流れに沿って，順序立てて書き並べるだけでもよいが，さらに見える化するには「業務フローシート」という手法を活用すると良い．
フェーズ2	● 手順1で作成した「業務体系表」(または「業務機能展開シート」)にリストアップされた自職場の業務を見える化する． ● 見える化する手法は，「フェーズ1」と同様に，「業務フローシート」が有効で，関連部門とのやりとりの多い業務ほど，情報のやりとりが複雑で，フロー図も複雑になる． ● フロー図に書き表わすことで，今まであいまいであった関連性が，改めて明確になったり，複雑な業務を再認識する機会にもなる． ● 業務の流れについて，その担当者は熟知していても，周囲の人はほとんど関係していないケースなどでは，改めて仲間の業務の流れを学ぶ機会になる． 　　　　（第4章「4.2 業務機能展開シート」「4.3 業務フローシート」参照）
フェーズ3	● 「フェーズ2」と同様に「業務機能展開シート」をもとにして，「業務フローシート」を作成し，自職場の業務を見える化する． ● 「フェーズ2」と同様の手法を使うが，記載された内容はより一層緻密に詳細に作ることが要求される． 　　　　　　　（第4章「4.3 業務フローシート」「4.11 巻紙分析」参照）

(4)　手順3　業務工数の把握

個々の業務の手順ごとに，どの程度の工数(時間)がかかっているかを明らかにします．

オフィス業務は，所定の期間内にどれだけのアウトプットを出せるかという業務能率が重要な指標の一つで，タイムマネジメントが非常に重要です．

したがって，オフィス職場でも，どんな業務にどの位の時間がかかっているかを把握することは，改善の第一歩として非常に重要なステップです．また，業務を定量的に捉える基本でもあります．オフィス職場では，

第 3 章 「事務・間接職場」における小集団活動のフェーズと改善の手順

表 3.5 「手順 3 業務工数の把握」のフェーズ別取組み

	活 動 の 内 容
フェーズ1	・業務工数の記録を全業務について作成するとなる負担が大きいが，改善対象のテーマが決まった後に，そのテーマに関連する業務の時間を調査し，記録するほうが負担感を持たずに行いやすくなる．「手順 6 改善 1) ステップ 1 現状の詳細な調査」の中の 1 項目として，業務工数の把握を行う． ・調査の内容は，改善対象とする業務に関連する工数を，1 ヵ月ぐらいの期間で，記録をとってみる． ・調査期間は，時間，日，週，月，半期，年間など，業務によって異なってくるが，定常的業務であれば，1 ヵ月程度の調査でおおよその様子をつかむことができる． ・夏場と冬場，期初，期央や期末といった時期によって，作業内容に違いがある場合があるので，偏った調査にならないよう調査時期や期間には，注意を払う必要がある． ・測定単位は，業務内容によって異なるが，5 分単位か 10 分単位程度でよい． ・決して精緻に記録することが良いわけでもなく，自分たちのどの業務にどの程度の工数がかかっているかを把握することを目的にして，大まかに把握することを優先して取り組む． 　　　　　　　　　　（第 4 章「4.4 業務体系表と業務工数実績表」参照）
フェーズ2	・「業務体系表」などで分類された業務ごとに，職場の各メンバーがどの業務にどのくらいの時間（工数）をかけているかを調査する． ・改善活動が継続的に行われている場合は，業務工数の調査や把握は日常的に継続的に行うことを推奨する． ・調査期間は，時間，日，週，月，半期，年間など業務によってまちまちのため，調査対象の業務によって，月，半期，年度といった期間で工数を調べる． ・測定単位も 5 分単位か 10 分単位程度とし，一律に精緻に記録することではなく，どの業務にどの程度の工数がかかっているかを把握することを目的に，業務内容に応じて決める． ・どこにも分類されない項目は，"その他"の項目を設けて分類する． ・"その他"の分類の仕方のルールをメンバー間で共有化しておく． ・業務展開された業務分類では不都合が生じ，修正が必要になったら，見直しや改訂を行う．　　　（第 4 章「4.4 業務体系表と業務工数実績表」参照）
フェーズ3	・「業務機能展開シート」などで分類された内容をもとにして，職場の各メンバーがどの業務にどのくらいの時間（工数）をかけているかを，日常的に継続的に調査し，記録する． ・「フェーズ 2」と同様の手法を使って調査するが，内容はより一層緻密に詳細につくる． 　　　　　　　　　　（第 4 章「4.4 業務体系表と業務工数実績表」参照）

さすがに秒単位の細かさは必要ありませんが，どの程度の細かさまで調査・記録するかは，職務分掌をもとに作られた業務体系とその分類の細かさや，その職場の改善レベルによって異なります．

(5) 手順4　課題の洗い出しとテーマ選定

　課題の洗い出しとテーマ選定では，問題や課題を認識することから始まります．その認識の内容は，フェーズにより，若干違ってきます．

　基本は，手順1～3で示された「業務の明確化」「業務手順の見える化」「業務工数の把握」の調査内容をベースにして，業務を整理し，その中から問題や課題を洗い出すことです．

　この手順は，会社の中での所属組織の立場を強く意識しながら，各自が職場での業務を認識することから始め，問題の洗い出しを職場全体で実施します．そのためには，組織としてこの手順を実施することが前提にあり，組織としての課題の洗い出しを行い，職場での重要度に応じてテーマを選定します．

　課題の洗い出しとテーマ選定の手順は，改善活動を実施するうえで非常に重要な箇所なので，具体的にその要点を4つの方法に分けて説明します．

　1) 改善経験が浅い段階での課題の洗い出しとテーマ選定
　2) 活動経験を積んだ段階での課題の洗い出しとテーマ選定
　3) 職場の品質保証活動と連携した課題の洗い出しとテーマ選定
　4) 未然防止の活動と連携した課題の洗い出しとテーマ選定

　活動のフェーズに対応する課題の洗い出しとテーマ選定の方法は表3.7により選択します．

　なお，この4つの方法は，それぞれを行うだけではなく，チームの技量によって組み合わせたり，活用できるところを応用したりして行うことも推奨します．

表3.6 「手順4　課題の洗い出しとテーマ選定」のフェーズ別取組み

	活動の内容
フェーズ1	・改善活動を単独の活動として実施している場合には，組織全体としての問題・課題の洗い出しの場面は少なく，手順1～3は相当薄くなることが考えられ，スキップすることもある． ・問題や課題を洗い出す時，現在実施している業務を「職務分掌」などで確認して明らかにすることに留め，それを踏まえ，各自の現在の業務の問題や課題を列挙することから始める． ・このフェーズでは，「課題の洗い出しとテーマ選定」の手順と，「チーム編成」の手順が逆になり，「チーム編成」したあとに「課題の洗い出しとテーマ選定」を行うこともある．　　　　　（第4章「4.7 テーマ選定評価マトリックス図」参照）
フェーズ2	・改善活動が継続的・組織的に推進されている職場であるから，手順1～3で示された「業務の明確化」「業務手順の見える化」「業務工数の把握」の手順を意識して，業務を整理し，その中から問題や課題を洗い出すことを組織的に実行する． ・職場のイメージは，課の業務目的に沿って，課員へ担当すべき個々の業務を任されているというもので，課や室(セクション)の規模とする． ・手順1～3で，職場が遂行すべきことを職務分掌で確認し，個々の業務の目的をメンバー各自で認識し，業務手順を「業務フロー図」に書くことで明確にしてそれぞれの業務の手順の工数を定量化する． ・複数の人が担当している場合には，そのメンバーでグループを作り，相談しながら「業務フロー図」を作成する． (第4章「4.6 ギャップ整理シート」「4.7 テーマ選定評価マトリックス図」参照)
フェーズ3	・「フェーズ2」の考え方をさらに徹底し，緻密に，かつ全社的な視点で実施する． ・手順1～3で示された「業務の明確化」「業務手順の見える化」「業務工数の把握」は組織的に実行されることになる． ・事務・間接職場は，スタッフ的な要素が強い職場なので，TQMなどの全社的活動の重要な柱である方針管理に沿ったテーマを選定することが多くなる． ・他のプロセスで発生した失敗事例を参考にして，業務遂行に伴う問題発生の機会を予測して，課題を洗い出して問題発生を防ぐ，未然防止の取り組みをテーマにする． 　　　　　（第4章「4.5 問題プロセス抽出シート」「4.6 ギャップ整理シート」 　　　　　「4.7 テーマ選定評価マトリックス図」参照）

表3.7　課題の洗い出しとテーマ選定の方法と適応するフェーズ

テーマ選定の方法＼適応するフェーズ	フェーズ1	フェーズ2	フェーズ3
1) 改善経験が浅い段階での課題の洗い出しとテーマ選定	◎	—	—
2) 活動経験を積んだ段階での課題の洗い出しとテーマ選定	○	○	△
3) 職場の品質保証活動と連携した課題の洗い出しとテーマ選定	△	◎	◎
4) 未然防止の活動と連携した課題の洗い出しとテーマ選定	△	○	◎

◎：とくに推奨する　　○：推奨する　　△：テーマにより推奨する　　—：推奨しない

　フェーズによりやり方が違うのではなく，問題を捉える範囲や進め方の方法が異なってくるために，活動の仕方が緻密になり，視点が広くなってくるので新たな仕組みが必要になります．

1) 改善経験が浅い段階での課題の洗い出しとテーマ選定

　この段階での業務上の課題の洗い出しは，次の項目を目のつけ所にして，各自の業務の問題・課題を話し合いながら列挙することから始めます．

① いつも，このことで困っている，ムダなことのように思える．
② 仕事がきつい，仕事がやりにくい，仕事のやり方を間違えやすい．
③ 手直しが多い，時間がかかる，必要な作業なのか．
④ 前後工程，他部門からの改善の要望が多い，クレームが多い．
⑤ 誰がやるのか，はっきり決まっていない．
⑥ 統合できないか，廃止できないか，減らせないか，替えられないか．

⑦　これをやりたい，興味がある，最新技術を取り入れたい．
⑧　職場の重点方策を展開された，目標や方針である．

　問題や課題を列挙することができたら，今回取り組む問題・課題を絞り込みます．絞り込む時にはどういう視点で評価するかを決めておくことが大切です．評価の視点は，職場環境や経験によって違いがありますが，一般的には「経済性」「取組みやすさ」「緊急度」「重要度」「方針への寄与度」「効果」などがあります．それらの項目について3段階，あるいは5段階の評価点をつけ評価して，絞り込み，評価点の高いものを今回のテーマとして取り上げます．

　図3.1は，「テーマ選定評価マトリックス図」を用いて，ある自動車部品メーカーの間接部門でのテーマを絞り込んだ事例です．考えられる問題点を挙げ，評価項目を決めて3段階の評価点で評価を行い，今回実施するテーマを総合的に評価して，「メーカー・商社の基本情報の整理」に決めています．

問題点 ＼ 評価項目（総合点＝各評価点の和）	経済性	取組みやすさ	データの取りやすさ	緊急度	重要度	課の方針	効果	総合点
Sドラ整理 Part Ⅱ	○	○	○	×	△	×	△	23
主材物性データの整理	△	△	△	△	○	○	○	27
MSDSデータの整理	△	△	△	△	○	○	○	27
メーカー・商社の基本情報の整理	○	○	○	△	○	○	○	33
メーカー・商社の会社案内／カタログの整理	○	○	○	△	○	△	○	31
廃番となっている主材料の情報整理	△	△	×	△	○	○	○	25
MB情報 Part Ⅱ	△	×	×	△	○	○	○	23

○：5点，△：3点，×：1点

図3.1　「テーマ選定評価マトリックス図」

2) 活動経験を積んだ段階での課題の洗い出しとテーマ選定

　テーマ解決の経験を積んだら，気づいた問題点をメンバーで出し合って，テーマを決める単独での改善から一歩進んで，上司の協力を得ながら職場全体を見渡して問題点を洗い出し，手順1～3をきちんと踏んでテーマを決めるようにします．

　たとえば，TQM推進室では，全社のTQMを推進するという大きな目的があり，そのための大きな業務として，TQM推進の企画実施，QC診断の実施，TQM全社委員会の企画開催，QC教育の企画実施，スタッフ技術者QC活動の推進，QCサークル活動の推進などがあり，それぞれに担当がいます．具体的には，QCサークル活動の推進担当では，QCサークルの進捗状況の管理，QCサークルニュースの作成，QCサークル大会の企画・開催，QCサークル診断の実施，QCサークル年度計画書・報告書の作成などの個別の業務があります．その業務プロセスの手順を見える化したうえで，担当業務ごとに工数を定量化します．

　以上の手順1～3を実行して自職場の業務を認識したうえで，課長を中心に職場検討会で当年度の実施すべきことを決めます．決めることは，担当業務と担当者の確認，定常的に日常的に実施すべきことです．

　変更がなければ確認が行われるだけになります．さらに，現業務で改善すべき業務があれば，その実施内容，新たに追加を検討する業務があれば，それを検討します．

　この作業は，課の業務を認識し，前年度の職場活動の反省や，やり残した活動，上位の方針から展開されたテーマや新規業務，職場の年度の重点実施事項を加味して，実施すべき課題を洗い出し，内容を評価・検討して，重点テーマを決めるためのものです．

　評価の方法は，評価マトリックスなどを利用します．

　評価して実施すべき重点テーマが決まったら，「手順5　チーム編成」に移りテーマごとに，そのテーマの解決に適切なメンバーを選定してチー

ムを編成します．

　以上のことを議論・検討する場として，年や半期に一度，課員全員が集まって職場の課題や運営方法を話し合う「職場検討会」などを開催します．その具体的なイメージを図3.2に示します．

　「職場検討会」などの課内会議で，職場を取り巻く環境や課題などの情報を課員が共有し，全員で議論・検討します．活動すべきテーマを決めて，チームが編成されます．

　「事務・間接職場」では，担当する業務の種類や幅が広く，それぞれに担当者がおり，課の職務が遂行されますので，全員が職場の情報を共有する場が大切になります．

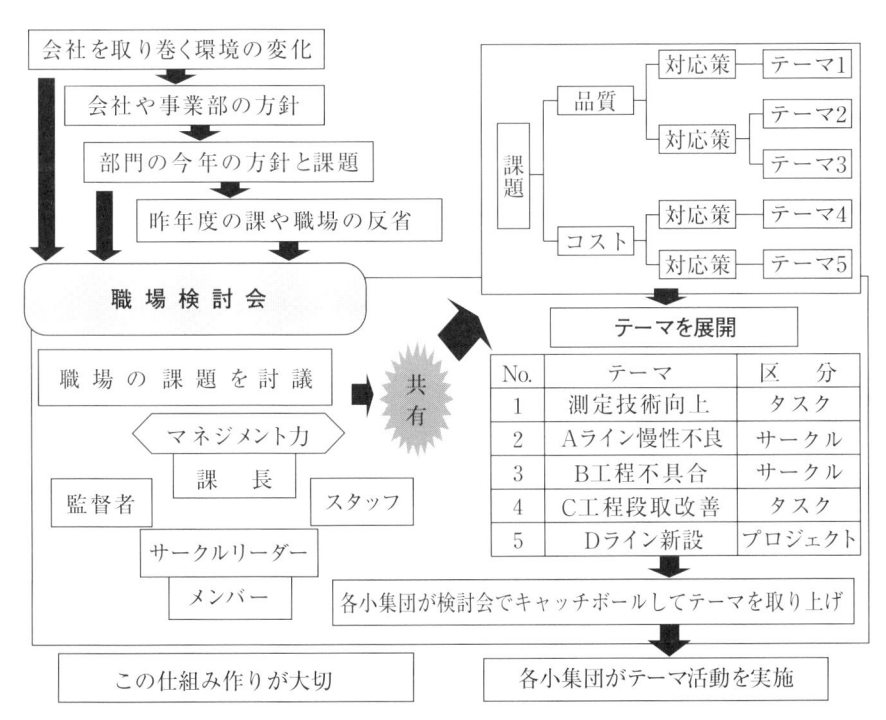

図3.2　職場検討会のイメージ

(出典：杉浦忠編著，『打つ手は無限　視点を拡げて改善活動』，品質月間テキスト No.327，品質月間委員会，2004年)

この活動段階では，組織が有機的に動くことを求められますので，この情報共有の場は重要です．チームの問題・課題だけでテーマが決まることは少なくなり，業務と一体となって組織的に職場一体となった改善活動が推進され，テーマがタスク的に展開されることが多くなります．

3) 職場の品質保証活動と連携した課題の洗い出しとテーマ選定

　品質管理活動の目的は，品質保証の構築とその向上にあります．品質保証の流れの中では，過去に発生した様々な問題をいかに業務にフィードバックして，最終的に最良の商品やサービスをお客様に提供するかが問われます．そのためには，過去に発生した問題を整理し，問題が発生していない業務でも，問題が発生する可能性を予測して問題を未然防止することが必要になります．「事務・間接職場」ではこのことを考慮して，テーマとして取り上げることを意識してください．品質保証の仕組みを意識すると，全社的な方向が重要になります．全社的な方向は方針管理という考え方で伝えられます．その方針管理の仕組みを図3.3に示します．

　この方針管理の仕組みの例では，経営理念，長期方針のもとに，外部要因を加味し，会社としての年度方針が立てられ，目標とともに部門へ展開されています．

　それを受けた部門では，企業方針を自部門で実施すべき重点方策と目標に展開し，さらに各部署は具体的な方策として活動計画書に展開したうえで，タスクやプロジェクトとして活動します．

　この方針展開の仕組みをもとにして，職場第一線では「職場検討会」で上位の方針の情報と自部署の方針や目標を職場全体で共有します．そして，その内容を全員で議論・検討し，活動すべきテーマが決まり，担当するチームが課員の同意のもと編成され，活動が開始されます．つまり，改善活動の目的は「品質保証」の構築の一つの手段となります．

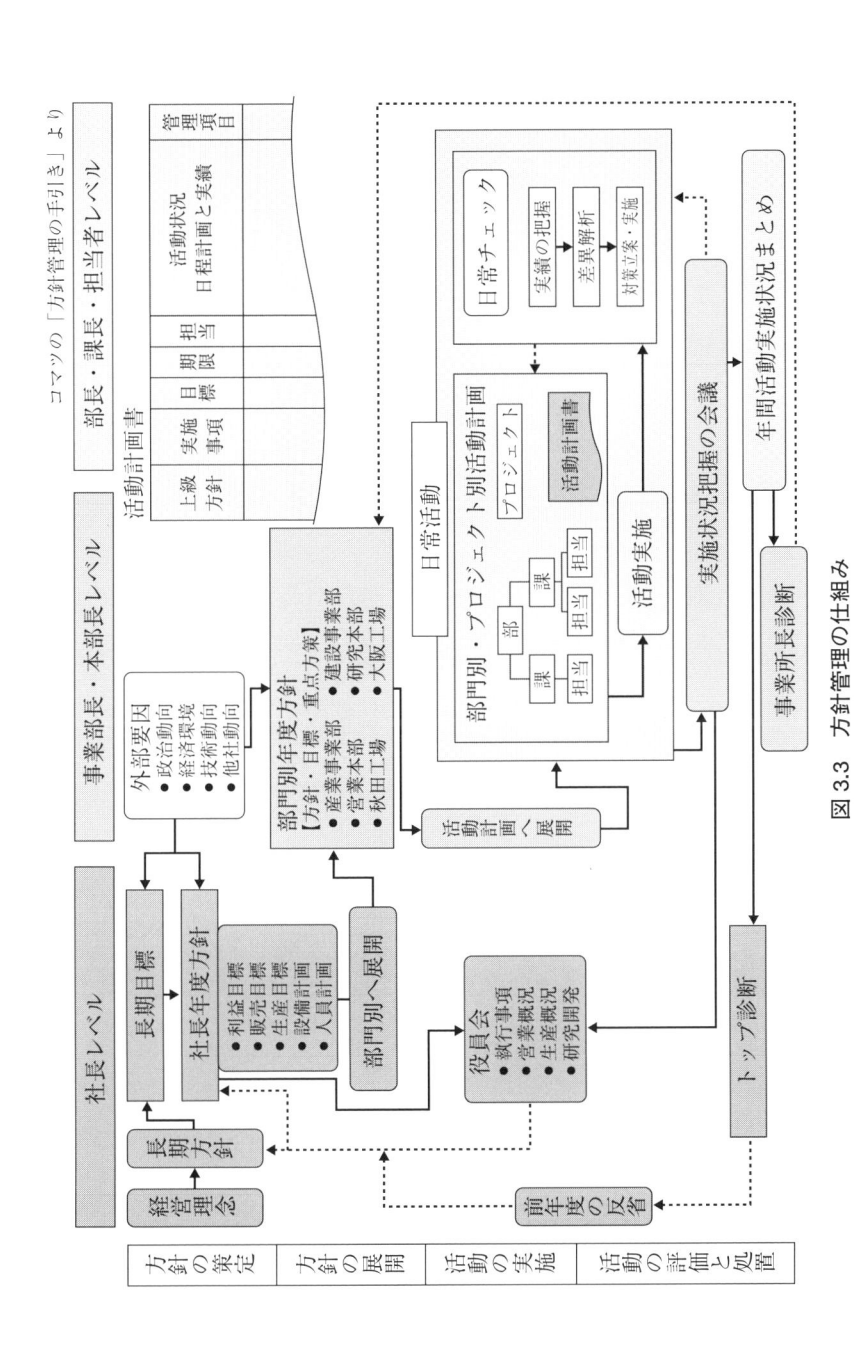

第3章 「事務・間接職場」における小集団活動のフェーズと改善の手順

図 3.3 方針管理の仕組み

4) 未然防止の活動と連携した課題の洗い出しとテーマ選定

　通常の改善活動では，問題が発生したプロセスの問題発生原因を究明して取り除き，問題発生前の状況を確保するのと，同じ発生原因での問題の再発を防止することが一般的に行われますが，是正処置だけでは，どうしても後手になり大きな損失を被ることもあるので，先手管理を行うために未然防止の活動が必要になります．

　まったく未経験な問題を予測するのは困難ですから，過去に同様のプロセスで発生した問題を類似性で整理して，いろいろな状況に汎用的に適用できる共通的な失敗モード一覧表にまとめます．その一覧表で担当プロセスを診断して，業務遂行に伴って問題発生が懸念される事項を実行の前段階で洗い出し，「問題プロセス抽出シート」にまとめます．そして，失敗リスク評価基準を用いて，発生度，致命度，検出度で評価した総合評価点をつけ，その結果で優先度を決めてテーマ候補にします(第4章「4.5 問題プロセス抽出シート」参照)．

(6)　手順5　チーム編成

　チームを編成する時期は，フェーズによって微妙に違いが出ます．従来のQCサークル活動では，チームやサークルの編成が先にあり，サークルが継続し，同じサークルが次々にテーマを解決するという姿がイメージされています．しかし，「事務・間接職場」の場合，業務の特性から第2章で述べたように，同じ職場の所属員が同じ業務を遂行することは少なく，各自が違った業務を担当し，他職場と関わりを持ちながら業務を遂行する場合が多くなります．このためチーム編成の時期や方法は，活動テーマやメンバーの構成によって様々な種類や方法が考えられます．さらに，フェーズによっても違ったチーム編成を行うことになります．

　チーム構成人数は，通常5～8名程度がもっとも話合いの効率が良くなります．テーマの種類や質，予想される活動の量などを考慮して，必要な

表3.8 「手順5 チーム編成」のフェーズ別取組み

	活 動 の 内 容
フェーズ1	●チーム編成にそれほどの広がりを持つことは少なく，下記の3つの区分のチーム編成の種類が考えられる． ① 職場で組織別などでチームを編成し，メンバーで相談して，職場の共通の問題・課題の改善に取り組む． ② 各自の担当業務の問題・課題を取り上げ，関わりのある同じ職場のメンバーで編成する． ③ 職場で検討された年度重点活動のテーマを改善するため，チームを編成する．
フェーズ2	●組織活動とチーム活動が自職場のマネジメントの中で有機的に動くことが必要で，職場の長のリードが重要になる． ●テーマ選定時の「職場検討会」などを活用して，改善すべき重点テーマを決め，テーマごとにチーム編成する． ●チームを編成することのみならず，活動全般で職場の長によるマネジメントが要になる．
フェーズ3	●取り上げるテーマに広がりが出るとともに，TQMの「機能別管理」などの全社的活動への依存度が強まり，全社的に影響する組織や業務に密接に関連した活動が求められる． ●業務遂行の結果が，部分最適になることをできるだけ排除し，全社的に全体最適になるように，部門を横断したプロジェクトを編成して活動することが重要になる． ●QCサークル活動はタスクチーム活動の形態でチーム編成がされることもある．それらの活動でも全体最適のことを常に考える必要がある． ●各部門が「職場検討会」などの議論の場を設定し，情報を共有して活動すべきテーマを決めて，テーマに即したチーム編成をする． ●部門長の方針の展開で部門横断のチーム編成をする時は，関連する部門長が協力してプロジェクトチームを編成したり，所管部門長がチーム編成を主導したりする．

スキルを持つ人を，必要な人数集めてチーム編成をします．改善活動の運営面を考慮すると 10 名以下が望ましい姿です．

「事務・間接職場」のチーム編成は，仕事のうえでの特徴や活動推進の困難さを乗り越えて，改善活動を実施するうえで非常に重要な箇所なので 4 つの方法に区分します．

1) チーム編成が先にあり，職場の問題・課題を継続的に解決
2) 担当職場の中で年度重点活動のテーマを活動するため編成
3) 改善内容が他職場と連携する必要がある場合の編成
4) 職場の長がリーダーとなり職場全体で編成

活動のフェーズに対応するチーム編成の方法は表 3.9 によります．
以下にチーム編成の方法の要点を具体的に説明します．

1) チーム編成が先にあり，職場の問題・課題を継続的に解決

この方法を用いたチーム編成の代表例が，QC サークルであり，最初に職場全体で 1 ～ 3 チームを編成し，チームのメンバーが相談・検討して，

表 3.9 チーム編成の方法と適応するフェーズの関係

チーム編成の方法 \ 適応するフェーズ	フェーズ 1	フェーズ 2	フェーズ 3
チーム編成が先にあり，職場の問題・課題を継続的に解決	◎	△	△
担当職場の中で年度重点活動のテーマを活動するため編成	○	◎	◎
改善内容が他職場と連携する必要がある場合の編成	△	◎	◎
職場の長がリーダーとなり職場全体で編成	△	○	◎

◎：とくに推奨する　　○：推奨する　　△：テーマにより推奨する

メンバー共通の問題・課題に取り組むことになります．活動の導入当初はこのパターンが有効です．チームを編成してから，「課題の洗い出しとテーマ選定」を行うのが特徴で，チーム全員が合意のうえでテーマ選定を行います．しかし，「事務・間接職場」では，メンバーがそれぞれ違う業務を担当している場合が多く，このようなチーム編成で1〜2テーマを解決したら，共通テーマが少なくなって活動がしにくくなることがあります．このような場合には，共通のテーマという制約をはずして，それぞれが担当する業務で起こる問題を解決する活動を行います．この時には業務の主担当者がテーマリーダーとして活動したり，主担当者がリーダーとなり，職場内での副担当や関係の大きい担当者を巻き込んで，チームを編成することが考えられます．

2) 担当職場の中で年度重点活動のテーマを活動するため編成

この方法は，通常ではタスクチームと呼ばれるチーム編成で，職場の長が年度の重点活動の実施を職場のメンバーに分担する案を出し，職場の全員を集めて活動テーマやその概要を検討し，それに合わせた適切なメンバーでチーム編成をして活動する方法です．

このチーム編成での活動は，業務そのものがテーマとなり，チーム活動が業務として実践されると言っても過言ではありません．

このように，活動は組織的に実施されることになりますが，メンバーは，小集団活動での改善活動は業務の一環として実施されるものであると認識し，品質管理活動＝改善活動として実践することが重要です．

以上の活動を，組織として各部門が実施する時のイメージを図3.4に示します．

この活動段階では，職場全体が連携した有機的な活動が必要になるので，手順1〜3を実行して自職場の業務を認識したうえで，前年度の職場活動の反省や，やり残した活動，上位の方針から展開されたテーマ，職場

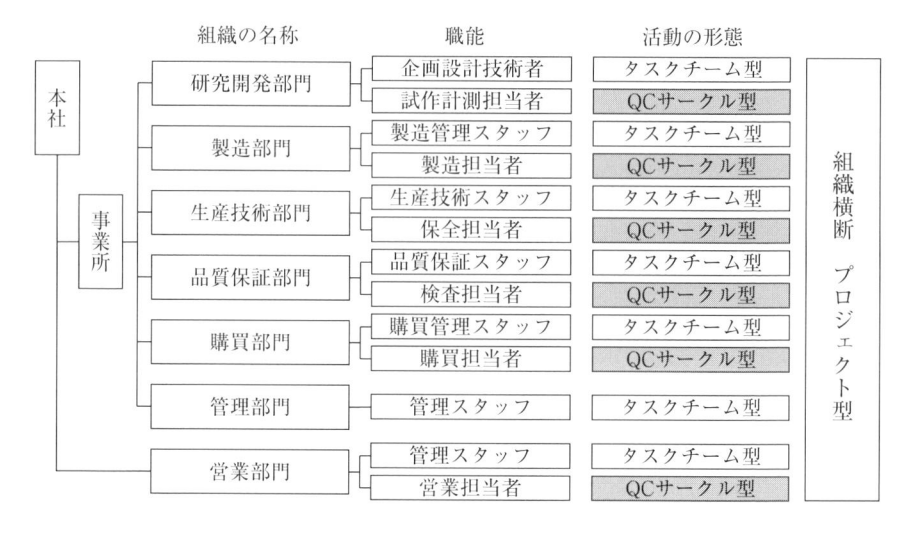

組織の名称	職能	活動の形態
研究開発部門	企画設計技術者	タスクチーム型
	試作計測担当者	QCサークル型
製造部門	製造管理スタッフ	タスクチーム型
	製造担当者	QCサークル型
生産技術部門	生産技術スタッフ	タスクチーム型
	保全担当者	QCサークル型
品質保証部門	品質保証スタッフ	タスクチーム型
	検査担当者	QCサークル型
購買部門	購買管理スタッフ	タスクチーム型
	購買担当者	QCサークル型
管理部門	管理スタッフ	タスクチーム型
営業部門	管理スタッフ	タスクチーム型
	営業担当者	QCサークル型

本社―事業所―（各部門）／組織横断プロジェクト型

図 3.4　様々な小集団の形態のイメージ

(出典：図 3.2 と同じ)

の年度の重点実施事項を加味して，十分に内容を検討したうえで実施すべき重点テーマを決めます．

関係部門と共同で実施されている業務の改善では，担当者の裁量で関連部門のメンバーを加えたチームが編成できれば，この範疇に入ります．

たとえば，TQM 推進室の QC サークルの推進業務でいえば，「QC サークル大会の会場設定の改善」や「QC サークル活動白書の発行」など，関連部署の意見を反映して改善活動をする場合です．また，新たに「イントラネットを活用した QC サークルのデータベース構築」で，関連事業所や情報管理部門の担当者など関連部署のメンバーとチームを編成して活動する必要がある場合です．この程度のテーマであれば，担当者同士の裁量でチームを編成でき，タスクチームのマネジメントの中で活動が行えます．

3) 改善内容が他職場と連携する必要がある場合の編成

この方法は，通常ではプロジェクトチームと呼ばれ，テーマが上位方針

から展開され，その業務を担当している課・室のメンバーがリーダーとなり，他職場と密接に連携をとりながら実施するチームが編成される活動です（図3.5参照）．

たとえば，品質保証室がリーダーとなって，「市場クレーム情報収集システムのインターネット上の構築」などの活動があり，営業部門，設計部門，製造部門，情報管理部門，品質保証部門の専門家などによりチームが編成されます．この場合のチーム編成作業は，部門の長が行うなど組織としてのマネジメントが重要になります．

部門横断の活動が増えると，部門の長は活動するメンバーの評価をおろそかにできません．つまり，メンバーが様々なセクションから集まって活動するので，担当部門長の権限が及ばない場合もあり，評価に悩むことになりかねません．それを解決をするために，企業全体で評価の仕組みやルールを決めておく必要があります．

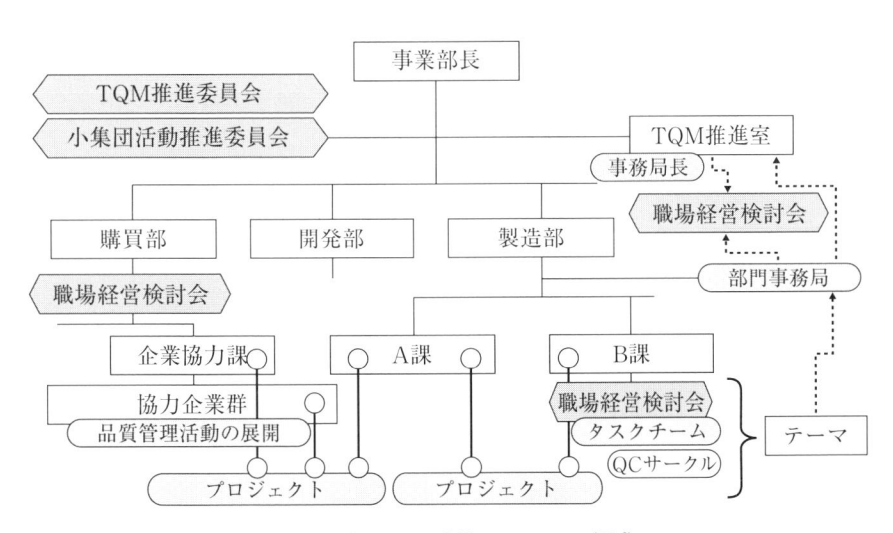

図3.5　部門間で連携したチーム編成
（出典：図3.2と同じ．一部加筆）

4) 職場の長がリーダーとなり職場全体で編成

　この活動は，タスクチーム活動とプロジェクトチーム活動の中間的なチーム活動です．課・室の全体に関わる新規業務の立上げなど，やや規模の大きな改善を職場全体で取り組むような活動で，実質的に職場の長がリーダーとなり課員全員でチームを編成して活動します．

　たとえば，TQM 推進室で行う「グループ企業への TQM の普及」などが考えられ，大きな課題の内容や範囲を分割し，各メンバーが分担して実践する内容になります．また，QC 診断，TQM 全社委員会，QC 教育，スタッフ技術者 QC，QC サークル活動の推進など，職務担当者が実践を担当しますが，全体の推進は室を挙げての活動となり，室メンバー全員が参加してチームが編成されます．

　以上のように，フェーズにより問題解決の手順の内容の緻密さなどに若干の違いが出てきますが，基本的な考え方は，問題・課題を捉え，その問題・課題に合ったチームを編成して活動することに変わりありません．

　問題・課題を捉える方法として，チームで行うか，組織として全体を見渡して捉えるかの違いで，職場中心でチーム編成するか，企業組織全体を見渡してチーム編成をするかの違いがフェーズによる違いになります．

　自分たちの置かれている状況を的確に把握し，どのフェーズで活動するかを認識することが大切で，その認識のもとで，品質管理活動は，一部の部門，一部の階層が実施するものではなく，改善活動は品質管理活動の一部ですから，全部門・全階層で実践するものであると認識してほしいと思います．また，「事務・間接職場」での品質管理活動や改善活動は，業務そのものと言っても過言ではありません．

(7) 手順6　改善

　具体的な改善の手順の説明は，問題を発生させている原因を究明して，その原因を除去することで問題を解決する問題解決型の改善の手順に沿って行いますから，課題達成型や施策実行型の改善の手順については，それぞれの手順を説明した解説書を参考にして改善を行ってください（図2.3参照）．また，これらの改善の型は，テーマや小集団の活動のレベルに応じて手順を使い分けてください．

　改善活動では，改善の手順の中で説明されているそれぞれの改善手順のポイントを実践することになりますが，活動のフェーズによって具体的な実践内容や活用する手法の活用を深化させたり，多様化させたりしていくことになります．

　問題解決型の改善の手順は，次の6つのステップになっています．

　ステップ1　現状の詳細な調査
　ステップ2　目標の設定
　ステップ3　活動計画の策定
　ステップ4　要因の解析
　ステップ5　対策の検討と実施
　ステップ6　効果の確認

1）　ステップ1　現状の詳細な調査

　テーマとして取り上げた問題の実状を明らかにするステップです．問題の状況を表わすデータを，一定の期間を決めて収集します．期間の長さは，問題発生の頻度に応じて決めます．

　データとは，問題として取り上げた事柄の「悪い」とか「不十分」な状況を数値あるいは言語で具体的に表わしたものです．

　集めたデータの推移を見たり，事柄別に層別したりして，対象とする問

題の「悪さ加減」を明らかにします．「悪さ加減」とは，悪さの実態を客観的に表現した状態をいい，問題の真の原因を追究する重要な手がかりになります．

このステップは，現状のレベルをつかむと同時に，いろいろな角度からデータを見ることで，要因解析の手がかりとなる特徴的な情報をつかみます．簡単に言えば「なぜ悪いのか？」ではなく，「どう悪いのか？」を明らかにすることです．

「悪さ」や「不都合」「不適合」の程度などを，できるだけ数値データで把握します．具体的な数値で把握できない時は，悪さや不都合の程度をランクづけしたり，アンケートなどで意見収集したりして数値化するなどの工夫が必要になります．

このステップで行うポイントは，次のようになります．
① 取り上げた業務の問題点が，何なのかを洗い出す．
② 問題の事実を，定量的なデータでつかむ．
③ つかんだデータを層別して，推移やばらつきを明らかにする．
④ 推移やばらつきに特徴的なことがないかを調べる．
⑤ 特徴から悪さ加減をつかみ，現状のレベルを明らかにする．

以上，問題解決を主眼に解説しましたが，「事務・間接職場」は「悪さ加減」のほかに，トップレベルや理想の姿，ありたい姿をねらいとして，現状との差，つまり「良さ加減」を追究することも少なくありません．このステップでも「良さ加減」を含めた「差異分析」を実施する必要があります．つまり，問題といっても「悪さ」だけでなく「良さ」も見て，現状と「ねらいとの差」を問題点として捉えることになります．しかし，この場合は，問題を発生させている原因を追究して除去する方法では解決できませんから，課題達成型や施策実行型の改善手順を用いることになります．

表 3.10 「ステップ 1　現状の詳細な調査」のフェーズ別取組み

	活動の内容
フェーズ1	● 日ごろの業務の中で「ムダ」「ムラ」「ムリ」と感じて取り上げた身近なテーマに関する事柄について，具体的に「ムダ」「ムラ」「ムリ」の実態を表わすデータを収集する． ● データ収集期間は，悪さの実態が現われる期間とする．この「悪さ加減」に影響を及ぼしている事柄についてもデータをとって，どのような時に，どの程度悪いのかといった相互の関係を調べる． ● このフェーズの改善では，対象とする業務に費やした時間を測定・記録しておくと，改善後のそれと比較することで，改善成果を正確に確認することができる． ● 集めたデータを層別して，グラフなどを用いて図示化し，見える化を行う． ● 見える化することで，ばらつきを明らかにし，推移を見えるようにして，その事柄の特徴的な状況を明確にする．
フェーズ2	●「方針管理書」などによって部門方針を踏まえ，テーマに関する業務の管理特性を明らかにして，その悪さが明確になる期間の現状データを収集する． ● 現状のレベルは可能な限りグラフ化を行い，見える化を実施する． ●「悪さ加減」に影響を及ぼしている事柄についてもデータをとって，どのような時に，どの程度悪いのかといった相互の関係も調べる． ● 現状データで表わされた管理特性の推移やばらつきから，現状のレベルをつかむと同時に，QC 七つ道具などを駆使して，いろいろな角度から管理特性を見ることで悪さ加減を明らかにし，要因解析の手がかりを得る． (第 4 章「4.11 巻紙分析」参照)
フェーズ3	● 選定された問題に関する現状を，全社的な影響を考慮して把握する． ● 方針管理や日常管理などのマネジメント手法と連携して，問題の管理特性を明らかにし，問題発生の頻度に応じてデータを一定の期間を決めて収集する． ● データは QC 七つ道具，新 QC 七つ道具はもとより，検定・推定などの統計的手法を駆使して悪さ加減を明確にし，要因解析の手がかりを得る．とくに，相関分析などで要因の変化と特性値への影響度合いを明らかにするとよい． (第 4 章「4.11 巻紙分析」参照)

2) ステップ2　目標の設定

　現状の詳細な調査の結果を踏まえて，改善のねらいの水準を明らかにし，目標を設定します．目標は「何を，どれだけ，いつまでに」といった目標の三要素を含んだ形で設定し，具体的に何をどのようにしたいのかがわかるようにします．

　この目標値は，テーマとして取り上げた問題が解決したかどうかを評価する基準になります．

　このステップで行うポイントは，次の通りです．

① 達成したい目標を，目標の三要素(何を(改善対象)，どれだけ(改善の程度)，いつまでに(納期))で明らかにする．
② 目標を設定した根拠を明確にする．

3) ステップ3　活動計画の策定

　改善活動を目標とする期間内で順調に終了させるためには，活動計画を作り，その計画に沿って活動を推進することが必要になります．活動計画

表3.11　「ステップ2　目標の設定」のフェーズ別取組み

	活動の内容
フェーズ1	●目標のレベルは，望ましい状態への復帰を目指すレベルとなるので，そのレベルに，いつまでに復帰させるかを具体的な数値で目標の三要素を決める．
フェーズ2	●方針管理書などで明らかになっている部門方針を踏まえて，所属する職場が問題としている管理特性の水準を考慮して，可能な限り数値で目標を設定する． ●他職場のレベルをベンチマーキングして，実現可能な目標を設定する．
フェーズ3	●改善する管理特性を，全社が目指している企業戦略に貢献できる内容で設定するために，方針管理や日常管理での管理水準を可能な限り凌駕(りょうが)するように目標を設定する． ●他社のベストプラクティスをベンチマーキングして，目標を高く設定することが望ましい．

表3.12 「ステップ3 活動計画の策定」のフェーズ別取組み

	活 動 の 内 容
フェーズ1	・身近で小さなテーマ改善で3ヵ月間,やや大きなテーマで6ヵ月から1年間が一般的な活動期間になる. ・とくに,対策の検討と実施の期間に時間がかかり,改善に遅れが出ることが多いので,長めの期間を設定するように注意する.
フェーズ2	・活動期間は,職場の改善ニーズに合わせ数週間から3ヵ月程度と短期化して,職場への貢献スピードを上げる要望が強い. ・目標の設定と活動計画を作成したら,必ず管理者とテーマの大きさ,活用する問題解決の方法,管理特性の適否,目標値や改善活動の完了期限などのレベルについて,職場の管理レベルに貢献できるようにすり合わせを行う.
フェーズ3	・管理者と改善の内容や目標値,その計画が全社レベルの改善活動に適応しているか,すり合わせを行う. ・改善成果を速く得るために,活動期間はさらに短くすることを求められることが多い.

は,活動の中で実施する事項(通常は改善の手順)を決め,これを「誰が」「どのように実施するか」について日程を定め,活動計画表にまとめます.

このステップで行うポイントは,次の通りです.
① 改善活動での実施手順を決める.
② 実施手順の日程(何を,いつまでに)を明らかにする.
③ 実施手順の責任者を決め,役割分担を明らかにする.
④ 内容をガントチャートやアローダイアグラムなどで表わし,活動計画表を作成する.

4) ステップ4 要因の解析

要因の解析では,結果を悪くしている原因を突き止め,「なぜ悪い結果が発生するのか」を明らかにします.そのためには,結果に強く影響している要因(原因と思われるもの)を多く想定して,その中から重要要因と思

われるものを 3 〜 6 個程度に絞り込み，事実データで検証し「真の原因（主要因）」を特定します．

このステップで重要なのは，現状の詳細な調査で明らかになった悪さ加減を起こしている原因，すなわち特性と要因の因果関係を「なぜ，なぜ」を繰り返して解明したり，特性に影響を及ぼしていると思われる要因をデータで理論的につなげたりしながら洗い出して整理し，結果に対して「悪さ」を起こす原因を明らかにすることです．

表 3.13 「ステップ 4 要因の解析」のフェーズ別取組み

	活　動　の　内　容
フェーズ 1	●メンバーで原因追究した内容を，特性要因図や特性要因系統図などを用いて整理して，特性との因果関係の見える化をはかる． ●作成した特性要因図や特性要因系統図の内容をメンバーで検討して，重要要因を絞り込む． ●できれば，絞り込んだ重要要因について，その裏づけとなる関連データや事実を集めて検証する． （第 4 章「4.8 系統図（方策展開型，構成要素展開型）」参照）
フェーズ 2	●取り上げた問題に対して経験豊かなベテランの方にも参加してもらい，特性要因図や特性要因系統図を作る． ●「なぜ，なぜ」を繰り返して要因の深掘りをし，詳細に洗い出す． ●過去の経験や固有技術を豊富に持っているベテランの意見を聞いたり，その裏づけとなる関連データや事実関係を再確認して，重要要因の絞り込みや重要要因の検証を行う．
フェーズ 3	●特性要因図などを活用して要因を多数洗い出す． ●要因の具体的なデータを集め，過去の経験，固有技術や統計的な手法を活用して，特性に大きく影響していると思われる重要要因を絞り込む． ●絞り込んだ重要要因については，その要因によって特性値が変化するかどうか，関連データを再確認し，科学的に検証することが重要である． ●場合によっては，要因の水準を変えてみて，特性値が変化するかどうかを確認して検証をすることが望ましく，変化するようであれば主要因と判断する．

このステップで行うポイントは，次の通りです．
① 4M(人，設備，材料(「事務・間接職場」では情報も含む)，方法)などで要因を洗い出し，「なぜ，なぜ」を繰り返して特性に影響を及ぼしている要因を論理的につなげながら洗い出す．
② 洗い出した要因を，特性要因図や特性要因系統図などで整理して見える化する．
③ 特性に大きな影響を及ぼしていると思われる重要要因を絞り込む．
④ 特性と重要要因の因果関係を，事実・データで検証し主要因を特定する．
⑤ 特性への寄与度が高いと思われる複数の主要因を取り上げ，対策をとる要因(対策項目)とする．

5) ステップ5　対策の検討と実施

要因の解析で明らかになった真の原因(主要因)に対して，それを除去するための対策のアイデアをできるだけ多くメンバーで出し合い，その中から最適なものを評価・選択し，適切な処置を確実に実施します．

ここでは，悪さ加減を発生させた真の原因を除去し，二度と同じ現象が起こらないように根本的な対策を行うことが必要です．そのためには関係者の経験や知恵を活用して，アイデアを出し合うことで有効な対策のアイデアを集めます．さらに，対策として実行した時の効き具合，コストや手間の多さ，制約条件，他への影響などを総合的に評価して対策案を決めます．決めた対策案を確実に実施するために「何を」「誰が」「どこで」「いつまでに」「どのように実施するか」といった5W1Hを明確にして実施計画を作ります．

このステップで行うポイントは，次の通りです．
① 対策項目の具体的な内容について，管理者やスタッフからも多くのアイデアを集めて対策案を作る．

表3.14 「ステップ5 対策の検討と実施」のフェーズ別取組み

	活 動 の 内 容
フェーズ1	● 真の原因と思われる要因の発生を阻止する対策や再発を防止する対策を, メンバーで話し合いながらアイデアを集める. ● 集まったアイデアを「方策展開型系統図」などを使って整理し, 有効性や実施の容易さなどの評価項目で評価して実施に移す対策を決め, 実施計画を作り実施する.　　（第4章「4.8 系統図（方策展開型, 構成要素展開型）」参照）
フェーズ2	● 複数の対策項目に対して, 管理者や専門家も交えて多くのアイデアを集め対策案を作る. ● その対策が及ぼす職場への影響を考慮に入れて, 対策の有効性や実施の容易さなどで評価する. ● 実施計画を作り実施する. 　　　　　（第4章「4.8 系統図（方策展開型, 構成要素展開型）」参照）
フェーズ3	●「フェーズ2」の取組みに加え, 扱うテーマが広範囲であり, 対策も多額な費用を伴う場合も多くなるので, 費用対効果を正当に評価し, 対策のデメリットも考慮したリスクマネジメントも確実に行う. ● 問題の解決が及ぼす職場や全社への影響を明確に把握することが重要である.　　（第4章「4.8 系統図（方策展開型, 構成要素展開型）」参照）

② 対策案を具体化する施策を考え, 期待効果, 費用, 実現性や他への影響などで評価して, 実施に移行する対策案にする.

③ 実施計画を作成し, 実施する日程や期間, 役割分担などを明確にする.

④ 対策を実施するときは, 対策ごとに要因に対する効果を把握する.

6) ステップ6　効果の確認

　実施した対策の効果を確認する手順です. 確認する効果は,「現状の詳細な調査」で明らかにした「悪さ加減」を表わす特性の実績値がどのように変わったかを調べ, 目標値の達成度を確認して行います.

　このため, 問題の発生頻度や発生周期を考慮し, 対策を実施してから妥

当な確認期間を設定し確認する必要があります．

効果には，金額や不適合件数といった数値データに表われやすい効果（有形効果）と，付随して得られる効果があります．付随効果はその他の効果として得られる「波及効果」や個人やチームの成長，モラールの高揚などの「無形効果」があります．付随効果についてもきちんと把握します．

効果は可能な限り金額に換算して，職場や会社への貢献の程度を明確にすることが，活動の成果を評価するうえで重要です．成果を時間や不適合の件数で把握するだけでなく，時間は当該者の人件費や労務費などのレートで金額換算をしたり，不適合件数は補修時間や補修工数から換算したりします．また，消耗品費や占有面積の賃借料などを使ってできるだけ成果

表3.15 「ステップ6 効果の確認」のフェーズ別取組み

	活 動 の 内 容
フェーズ1	・対策を実施した効果を把握する． ・目標値と把握した効果を比較する． ・目標値をクリアできなかった場合には，今までの手順を検討して，なぜ目標値を達成できなかったか欠陥を調べる． ・再度，対策を追加して実施し，目標を達成するように努力する． ・無形効果も把握する．
フェーズ2	・対策項目ごとに特性を把握し，その積算値を目標値と比較する． ・波及効果や無形効果も把握する． ・目標を未達成の場合は，追加対策を実施して目標を達成する． ・このレベルの活動は，方針管理の実行項目の一部分の実践を担当する活動になっており，その成果が職場の経営計画に組み込まれている場合が多く，未達成になると経営計画に齟齬が出てくることになるため，目標は必達になる． ・波及効果・無形効果を含めた効果全体を金額換算して成果を確認する． ・対策実施項目の悪影響を調査する．
フェーズ3	「フェーズ2」に同じ

を金額で確認する工夫を行います．

このステップで行うポイントは，次の通りです．
① すべての対策を実施した後に最終的な成果を把握する．
② 対策実施後に改善対象の特性値と目標値を比較し，達成度を把握する．
③ 目標未達の時は，追加の対策を検討して実施し，目標を達成させる．
④ 効果は目標に対するものだけでなく，波及的に表われる有形効果やメンバーの成長・知識取得などの無形効果も把握する．
⑤ 目標とした成果だけでなく，波及効果を含め金額換算して成果を把握する．
⑥ 対策を実施したことが，他へ悪影響を及ぼしていないか確認する．

(8)　手順7　標準化と管理の定着

どのような職場であっても，改善活動を行えば，結果として何らかの業務手順の変更が生じます．なぜ変えたか，どのように変えたかがあいまいだと，せっかく努力して改善したものが，時間がたつといつの間にか元に戻ってしまい改善効果がなくなってしまうことがあります．改善効果を確認したら，再び同じような問題が起こらないように対策を標準化し，その実践を徹底して，管理の定着をはかることが必要です．

「標準化」とは，効果が逆戻りするのを防ぐために，効果のあった施策を明文化して業務手順のルールに組み込むことです．また，「管理の定着」とは，決めたことが守られているか，あるいは効果が維持されているかを定期的に確認していくことです．

さらに，標準化には改善した内容を水平展開(横展開)し，全社の共有財産にする役割もあります．とくに，「事務・間接職場」の業務改善は，個人レベルで完結してしまうことが多い傾向にあります．しかし，「事務・

間接職場」の業務は全社の部署に影響する事柄が多く，同じ業務を実施している他事業所もあることから，情報を共有する必要があります．

また，担当業務の変更で別の担当者に引き継ぐ時には，標準化された業務手順で仕事を行うことで，担当者の変更による仕事のばらつきを防ぐことができます．その意味で「事務・間接職場」は，業務手順を全社的に情報共有する，会社規則や規定のレベルでの標準化が重要になります．

標準化と管理の定着の手順は，次の4つのステップで実施します．
ステップ1　効果のあった対策をマニュアルに盛り込み明文化する
ステップ2　明文化できないものは仕組みでカバーする
ステップ3　関係者に周知徹底をはかる
ステップ4　効果の継続を確認・フォローする

1）　ステップ1　効果のあった対策をマニュアルに盛り込み明文化する

「事務・間接職場」は，職場を構成する個人がそれぞれ違う業務を担当していることが多く，製造職場に比べて非定常業務が占める割合が大きいという特徴があります．したがって，業務マニュアルを作り仕事を標準化することがあまりされない職場も多いと思われます．

仕事の質を高めるためには，業務を見える化して，可能な限り「使いやすく，守りやすい」「見やすく，理解しやすい」形で，マニュアル類を職場の成熟度に合わせた内容で作成することが必要です．このステップでは，改善活動で実施した対策の中で効果のあった施策を標準化し，その内容をマニュアルにして組織の中で確実に実施できるようにします．

このステップのポイントは，次のような内容になります．
①　わかりやすく，守りやすい標準(実施しやすい手順)にする．
②　イラストや写真を用いて具体的に表現し，作業の内容をつかみやすいものにする．
③　「標準化マトリックス表」などを使い，5W1Hを明確に盛り込む．

表3.16 「ステップ1 効果のあった施策をマニュアルに盛り込み明文化する」のフェーズ別取組み

	活 動 の 内 容
フェーズ1	●誰にでもわかりやすく，守りやすいシンプルなマニュアルの作成を心がける． ●基本となるのは，「なぜ」「誰が」「いつ」「どこで」「何を」「どのようにするか」を明確にすることで，効果のあった対策を5W1H（Why, Who, When, Where, What, How）の標準化マトリックス表にまとめると漏れがない． ●とくに，Why（なぜ改定したのか）が抜けると形式的になりやすく，「仕事のやり方」「作業のやり方」を決めた理由がいつの間にか忘れ去られたり，あいまいになったりして改善する前の状況に戻りやすいので注意が必要である． ●これを防止するために改定したマニュアルには「改定履歴」を残し，改定理由を明記して改定の理由を明確に伝え，改善内容が元に戻ることを防ぐ．
フェーズ2	●5W1Hを活用した「標準化マトリックス表」を使用しながら，効果のあった対策の内容を業務マニュアルや作業手順書の制定・改定に反映させる． ●制定・改定された理由を明確に残すためにも，問題解決の手順で追究してきた「原因と対策の関係」「効果と副作用の関係」を整理して盛り込む． ●改定理由を標準の中に盛り込むことで，次の世代に情報を引き継ぐことができ，本当の意味での歯止めができる． ●使う人の身になってマニュアルを「見やすく，理解しやすく」作ることが重要である． ●誰が業務を行ってもばらつきがなく同じ結果になるように，文章はあいまいな表現を避けて簡潔にまとめる． ●文章で伝わり難い点は，写真やイラスト，動画などを使用し，視覚に訴える「ビジュアルマニュアル」なども効果的である． ●改善した内容を水平展開（横展開）し，少なくとも職場内の共有財産にする役割を意識する必要があり，標準化の内容を上位の標準にフィードバックして新標準を作成したり，関連標準を改定したりすることが重要である． （第4章「4.10 ビジュアルマニュアル」参照）
フェーズ3	●このフェーズの活動は，改善結果の影響を受ける範囲（職場や人）がさらに拡大することが想定されるので，自職場の業務マニュアルだけでなく．全社共通の手順書や標準書の制定・改定も視野に入れておく必要がある． ●標準書の制定・改定に当たっては，上司や関係部門を巻き込んでいくことや関連する標準類・帳票類との整合性にも注意することが必要である． ●できあがった制定・改定案は，社内ルールで決められている規定によって内容が審議され，規定に定められた役職者の決裁を得て交付されるよう，手続きをとる． （第4章「4.10 ビジュアルマニュアル」参照）

④ 作業が間違いなく実施でき，ミスを事前に防止する仕組み(フールプルーフ)を盛り込む．
⑤ 改定を考えて，変更しやすい作り方を行う．

表3.17は，5W1Hによる「標準化マトリックス表」の事例です．「標準化マトリックス表」を活用すると，マニュアルに盛り込む内容の漏れを防ぐことができます．

2) ステップ2 明文化できないものは仕組みでカバーする

誰がやっても同じように，間違いなく仕事ができ，ミス防止となる仕組み(フールプルーフ化)を盛り込んで，標準化の内容を確実に実行する手段を業務手順に埋め込むことが大切です．

簡単な例では，文房具の在庫切れ防止策に，発注点を示す「かんばん方式」を導入する，ファイル棚の同じ位置にファイルが戻せるように色表示

表3.17 5W1Hによる「標準化マトリックス表」の例

なぜ (目的)	なにを (項目)	誰が (担当)	どこで (いつ)	どのように (方法)	いつ (期間)
標準化	作業方法の統一	近藤	管理室	指導票 L317 − 026 改訂	10年3月
	センサー取り付け位置，角度の確認	中島	管理室	自主保全点検標準書 K Ⅲ b21 − 22 改訂	10年3月
共有化	対策1, 2, 3の内容	近藤	現場／管理室	生産前のミーティング実施	10年3月
	しきい値の勉強会	保全Gr 松村	会議室	サークル全員に教育	10年3月
対策の維持管理	対策・ワンポイントレッスンの内容	知久	活動板	メンテカレンダーに沿って維持管理	毎日
特性の維持管理	表裏反転誤検出件数	石井	管理室	日々作業でのチョコ停件数にて管理	毎日

(提供：コニカミノルタ総合サービス㈱ 「TEAM 和」サークル)

するなどの工夫が挙げられます．

「フールプルーフ化」（Fool Proof：ポカヨケ）とは，人間が少しぐらいうっかりしていても，ミス，失敗やケガをしないようにする工夫のことです．扉を閉めないと加熱できない電子レンジや，向きを間違えると挿入できない形状のカメラ用電池などが身近な例として挙げられます．

「事務・間接職場」ではケガの心配は少ないですが，パソコンの入力で1桁間違えたミスが多大な損失につながった事例など，原因は非常に単純なものでも大きな危険があると認識しなければなりません．パソコンを使った伝票処理中に，入力ミスをすると警告表示が出て先に進めないことがありますが，これはシステム設計段階での「フールプルーフ化」の一例です．

このステップで行うフールプルーフ化のポイントは，次の通りです．
① 誰がやっても，絶対に間違えないような自然な作業にする．
② 万一間違っても気づき，修正して影響が出ないようにする．

表 3.18 「ステップ2 明文化できないものは仕組みでカバーする」のフェーズ別取組み

	活動の内容
フェーズ1	仕組みの範囲は，作業内容そのものに留まる． 【事例】 ● ファイル棚の同じ位置にファイルが戻せるように色表示する． ● パソコンの伝票処理中の警告表示のフールプルーフ．
フェーズ2	仕組みの範囲は，職場をまたがるものになる． 【事例】 ● ファイルカバーの内容，ナンバリングの方法や保管と廃棄の基準などファイリングの仕組みが職場間で統一され，監査の仕組みも組み込まれる．
フェーズ3	全社レベルの仕組みに組み込まれる． 【事例】 ● コピー用紙の紙質や紙厚などを全社的に統一して，発注ミスを防止する． ● パソコンへの「手入力作業」をなくしたシステムへの変更．

3) ステップ3　関係者に周知徹底をはかる

　標準類は，作っただけでは不十分で，それが正しく使われるように適切な教育や訓練を実施して関係者全員が熟知することが必要です．ここが不十分だと，対策自体は良くても，十分な効果が発揮できなかったり，かえって混乱を招いたりしてしまうことになりかねません．

　また，効果のあった対策にもとづく仕事の進め方の変更は，関連部門にも連絡しておくことが大切です．教育や関連部門への連絡を経て，切り替え期日を明確にしてから実行に入ります．

　このステップのポイントは，次の通りです．
① 標準化した内容を上司に報告して，承認と使用許可を得る．
② 上・下流の関連部署との調整や変更管理など所定の手続きを守る．
③ 実地指導(OJT)などを通じて，標準化の内容の理解とスキルの習得を目的とした教育・訓練を行う．
④ 教育資料などを整備して異動者・新人など，新たに加わったメンバーにも教育・訓練ができる仕組みを作る．
　とくに，異動者や新人への教育・訓練が行われず再発する場合が多いので，このための仕組みづくりは重要になる．いつでも，どこでも，一人でも学習が可能な「ビジュアルマニュアル」を活用するとよい．

　改善内容を水平展開(横展開)する方法として，部門発表会や事業所大会，全社レベルの発表会や同じような業務内容の部門が集まる「分野別大会」などを開催して，専門家を集め改善内容の情報交換をし，必要なものは全社標準に展開する方法もあります．

　たとえば，教育部門大会を開催して，事業所独自で実施していた教育内容を全社教育に格上げして水平展開をする方法です．

　発表内容には積極的に改善の中身や歯止め(標準化)策を発表します．そこでは，標準化した中で他に水平展開できる内容や，他に影響を与える内

表3.19 「ステップ3 関係者に周知徹底をはかる」のフェーズ別取組み

	活動の内容
フェーズ1	●実務の担当者には，適切なOJTで教育・訓練を実施して業務手順の変更(標準類の変更)に慣れてもらう． ●メンバーの入れ替わりや職場環境の変化が起きた場合にも，教育・訓練ができるような体制作りを忘れずに行う．
フェーズ2	●「フェーズ1」に加え，上司の支援を得ながら他部門への水平展開を実施する．
フェーズ3	●全社大会など全社レベルの発表会を活用して，全社への水平展開を実施する． ●標準化委員会などの全社レベルの業務標準化を実践する仕組みを使って，全社標準へ積極的に盛り込む．

容を整理して，発表に織り込み他部門へ周知をはかります．

全社的な品質保証活動に組み入れる時は，会社の様々な標準化に関する仕組みを活用します．

たとえば，全社標準を管理する「標準化委員会」に付託して，業務の改善で発生した様々な標準類の内容を審議してもらい，どのレベルの標準にするかを決めることも考えられます．標準には，会社規則規定，業務要領マニュアル，技術標準，作業標準などがありますから，標準委員会の機能を活用して水平展開を推進することは非常に有効な手段となります．

標準化した場合には，関連する業務の関係者にも，以下のような点を連絡し，理解を得ておくことが必要です．

① マニュアルや標準書の制定・改定の理由(変更に至った理由)
② 新しいマニュアルや標準書の内容(変更点)
③ 新しいマニュアルや標準書で業務を実施する時のポイント

4) ステップ4 効果の継続を確認・フォローする

　効果のあった施策を日常の仕事の仕組みに組み込み，確実に継続実施できるようにします．効果が継続しているかどうかを定期的に測定し，効果が悪化したら，手を打てる仕組みや体制を決めておきます．

　このステップのポイントは，次の通りです．

① 標準化した対策の管理限界値と管理限界を逸脱した時の処置を決めておく．
② 効果を監視しながら管理限界内に定着させる．
③ 効果が定着したら，対策を日常管理に組み込む．

　データを収集する時には，手軽に使える「チェックシート」などが活用できます．「チェックシート」は，データを項目別に収集したり，点検や確認をヌケ落ちなく実施するために用いるフォーマット用紙で，データや

表3.20 「ステップ4 効果の継続を確認・フォローする」のフェーズ別取組み

	活動の内容
フェーズ1	● 管理方法(データの収集方法，まとめ方，どのようなデータが出たら「効果が継続されていない」と判断するかの基準など)を決め，効果の継続を定期的に監視する．管理方法は，5W1Hで必要事項を決める．
フェーズ2	● 効果の継続が確認できなかった場合は，改めて標準類(マニュアルや標準書)を見直す作業を行い修正する． ● 見直しは，効果の継続ができない原因を追究して業務の進め方を改善し，改めて，標準を確実に実行すれば正しい作業ができる標準類に修正する．
フェーズ3	● 標準類の見直しだけでなく，業務手順を明確にする「業務機能展開シート」や「業務フローシート」の見直しも行う． ● 効果の継続の測定段階から，多角的に品質特性をチェックできる「業務モニタリングシート」などを活用して，問題が再発したらすぐに手が打てるようにあらかじめ検討する． (第4章「4.9 業務モニタリングシート」参照)

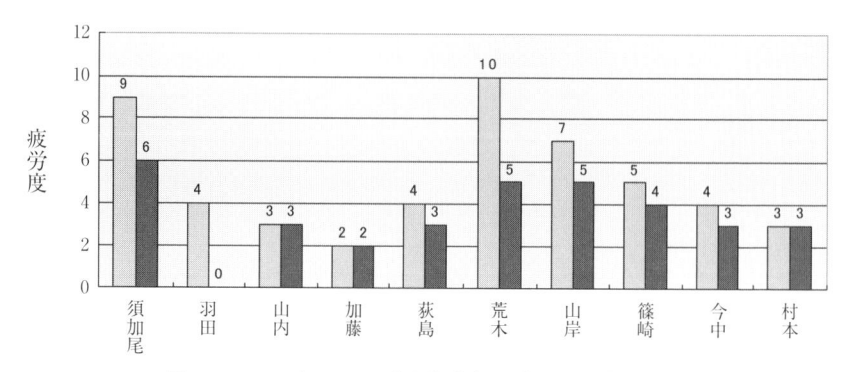

肩・腰の疲労度アンケート　□実施前　■実施後

図3.6　アンケートで「疲労度」を定量的に捉えた例
（提供：コニカミノルタビジネスエキスパート㈱　KYサークル）

点検結果を簡単な記号のマーキングで使えるように工夫を施してあります．活用経験をもとにフォーマットを改善して，さらに使いやすく工夫を行うことで，データ収集の精度や効率を上げることができます．

「事務・間接職場」では，効果を定量的に測定することが困難な場合もありますが，アンケートで「満足度」「疲労度」などを5段階評価で把握するなどし，その推移をグラフにまとめるような工夫をすることも可能です．

仕組みの範囲が「品質保証」にまで及ぶ時は，改善した結果できた歯止め（標準化）策が，実際に作業標準として制定・改定され，その標準が実施されているかをチェックするために，標準化監査の仕組みが必要になります．

たとえば，年に一度程度の頻度で，標準化委員による監査を実施し，適正な標準類の実践を確認することやISO 9000の監査などがあり，お客様からのクレームや品質不適合対策のために改善した「品質保証を支える様々な仕組み」の制定・改定に関して，標準化機能や品質保証機能と呼ばれているものが関与します．

(9) 手順8　反省と今後の課題

　今回の活動経過から良かった点と改める点を全員参加で話し合い，その結果を次の活動に活かすために確認・整理しておく手順です．

　「事務・間接職場」では，フェーズにより，チーム編成に違いがあり，チームが継続する場合は「反省と今後の課題」で抽出した内容は，次のテーマ活動に活かされます．しかし，チームが継続しないタスクチームやプロジェクトチームの場合は，テーマが完了したらチームが解散するので，「反省と今後の課題」の内容は，活動に参加したメンバーの個人の経験知として蓄積され，その後の個人の経験知の発揮で組織自体のレベル向上に貢献していきます．このような状況の違いを踏まえ，それぞれの経験を忌憚なく話し合い，活動の経験知を有効活用できるように反省することが求められます．

　さらに，活動評価表などを活用して活動のレベルを客観的に記録・評価し，PDCAを回すことも大切です．

　反省と今後の課題の手順は，次の2つのステップで実施します．
　ステップ1　活動の結果とプロセスを反省する
　ステップ2　今後の計画を立案する

1)　ステップ1　活動の結果とプロセスを反省する

　反省というと悪かった点が強調される場合が多いのですが，この活動においては活動の結果と活動プロセスの中で良かった点と悪かった点の両面からみて，二元表などを活用して率直に振り返ります．活動目標と実績に乖離が出た場合には，その発生原因を追究して内容を明確にします．

　このステップのポイントは，次の通りです．
　① 計画立案の方法，目標の立て方，良かった点や悪かった点を明確にする．

表 3.21 「ステップ1　活動の効果とプロセスを反省する」のフェーズ別取り組み

	活 動 の 内 容
フェーズ1	・計画と実績の差，ステップの進め方，活動の運営などの良かった点・悪かった点を確認する． ・「二元表」を使いステップごとに良かった点・悪かった点・苦労した点などをまとめる． ・このフェーズでは，チームやサークルの継続が前提になるので，反省点を反映する対象は同じチームやサークル，メンバーになる．
フェーズ2	・テーマや職場の状況によっては，チームやサークルが継続的に運営され，活動形態が残り，その時の反省点はチームやサークルが継承する． ・テーマ完了後にチームが解散する場合は，反省を引き継ぐ対象は参加したメンバー個人と所属する組織になる． ・職場の問題・課題を改善するタスク的な活動の場合，活動報告の場は所属組織となり，同じ組織内で継承される． ・このような状況を前提に活動の反省が実施され，活動に参加した個人が反省を踏まえて，次の活動に経験と反省を活かすことで，所属する組織全体の成長に寄与する．
フェーズ3	・チームが継続する活動に加え，クロスファンクショナルなチーム編成をするプロジェクト型のチーム活動も加わり，チームやサークルの継続は前提にならない場合が増え，活動報告の場は，全社の機能別委員会や役員会での報告が増える． ・その報告では，活動したテーマ内容そのものへの反省が多くなる． ・それを前提に活動の反省が実施され，活動に参加した個人が反省を踏まえて，次の活動に経験と反省を活かすことで，会社組織全体の成長につながる．

② 活動を通して取得した固有技術やレベルアップした点を明確にする．
③ 反省内容は，各ステップの活動の進め方とステップ間のつながり，活動の運営の仕方，手法の使い方などの具体的な事例・事象を取り上げる．

表3.22 二元表を使った「反省と今後の課題」まとめの例

	ステップ	良かった点	悪かった点	今後の進め方
P	テーマの選定	上位方針にもとづき，テーマ力が選択できた．	もっと早くから，この問題に取り組めば良かった．	今後もより挑戦的に活動し，工程の問題点を解決していきたい．
P	現状の把握	いろいろな角度で調査ができた．	調査するサンプル数が少なかった．	今後に備え，悪さ加減のデータとりを行っていく．
P	目標の設定	自分たちサークルにとって挑戦的な目標設定ができた．	活動の期間が短く，余裕がなかった．	しっかりとした目標を立てて活動する．
D	要因の解析	真の原因をつぶすことができた．	解析に至るまでの経緯に戸惑った．	効率的に解析を行うようにする．
D	対　策	日常品の物をヒントに，コストをかけずに対策ができた．	もっと早くから疑問・質問を意識し設備構造に目を向けることができれば良かった．	今後も，コストをかけず対策を行い，真の原因をつぶしていく．
C	効果の確認	目標以上の成果を上げることができた．	効果を確認する期間が短かった．	継続して対策後の効果を見守っていく．
A	歯止め	日常点検までしっかりと落し込むことができた．	歯止めに対してのやり方を決めるのに時間がかかった．	対策した後の歯止めを，今後もしっかりと行う．

(提供：コニカミノルタ総合サービス㈱ 「TEAM 和(なごみ)」サークル)

「二元表」とは，2つの展開表を1つの表に組み合わせてそれぞれの展開表に含まれる項目の対応関係を表示した表のことで，ここで使う二元表は，改善ステップを縦軸に，反省項目の良かった点・悪かった点・苦労した点を横軸にとります(表3.22)．

2) ステップ2　今後の計画を立案する

　反省で取り上げた事項を次の活動にどのように活かすか，みんなで検討します．反省を活かす工夫を盛り込み，良かった点は継続して実施し，悪かった点は再発しないように対策を検討して，次の活動に盛り込む内容とします．

　やり残した問題は整理して，次回の取り組み事項として残します．反省を確実に活かし，活動を継承させてサークルやチームだけでなく個人の成長にもつなげていきます．

　このステップのポイントは，次の通りです．

① 今後の活動に反省内容を活かす方策を具体的に考える．
② 実施可能な具体的な内容にする．

表 3.23　「ステップ2　今後の計画を立案する」のフェーズ別取り組み

	活 動 の 内 容
フェーズ1	● チームやサークルの継続が前提になる． ● 反省した内容は，同じチームやサークル，そしてメンバーが受け取り，それをもとに次のテーマに取り組む． ● 反省内容を踏まえて今後の計画を立て，次回の活動で経験を活かすことで，サークルとメンバーが成長することになる．
フェーズ2	● チームやサークルの継続は前提にならない場合も見られるようになってくる．テーマ完了後にチームが解散する場合，今後の計画はチームとしてより，所属組織への提言が増え，次テーマの提案などが含まれる．
フェーズ3	● チームの継続は減り，部門をまたがるプロジェクト活動が増える． ● プロジェクト活動の場合，今後の計画は解決したテーマをもとに，次にどのようなテーマで活動するか会社組織全体への提言になり，個人の経験知として継承する．

第4章

改善の各手順で有効な手法

小集団活動の中で改善を有効的に実施するために，いろいろな手法が考案されています．活用する手法は，取り組むテーマに応じた適切な手法を活用することが大切です．そのため，手法の勉強や活用の訓練のために使うことを除いて，改善活動のレベルに応じた手法を活用することを推奨します．

　これまでに解説した改善の各手順を確実に実践するために有効な代表的手法（含：具体的帳票類）を，以下に紹介します．

　また，改善活動の改善の手順と各フェーズのまとめと，さらに，それぞれの手順で有効な手法の一覧を，表4.10「活動の各フェーズと改善の手順および各手順で有効な代表的手法」に示しました．ここで示す手法は，「必ず使う」あるいは，「使わなくてはならない」というものではありません．これらを参考にして，自分たちの実力と活動の内容などによって選択して活用してください．

　「事務・間接職場」では，業務の改善が中心になります．そのため，新しい知識や情報の活用が求められます．活用する手法は，今回紹介したもの以外にも数多くあります．改善活動が進み，定着したら，さらなるレベルアップを目指して，常識にとらわれず，新しい手法，他の業界で活用されている手法などを，自分たちに合うようにアレンジして，活用してください．

　表4.1には，各フェーズ別での手法の活用の仕方を，表4.2では，これから紹介する代表的手法（一部，経営マネジメントシステムを含む）が，改善のステップのどの手順で主に使われるのかを一覧にしました．

　以下に紹介する各種の手法の中で，「方針管理」は，企業運営に関する"マネジメントシステム"であり，単一の書式や表現方法，まとめ方を対象とするような手法ではありません．ここで紹介する「方針管理」の内容は，その"マネジメントシステム"のごく一部ですので，他の手法と同列に扱うには問題があるかもしれませんが，スペースの関係もあり，本章

表4.1 各フェーズ別での手法の活用の仕方

	活 用 の 仕 方
フェーズ1	身の回りの問題を自主的に取り上げて改善活動を行うレベルなので，活用する手法も品質管理の基本的なものが中心となる．改善対象の事実を表わすことを主体にやさしいものから活用し，手法に慣れることを重視する．
フェーズ2	職場の重要課題を挑戦的に改善するレベルとして，数値データ，言語データを積極的に調べ，統計的手法を活用することによって，データの変化や因果関係を解析する．
フェーズ3	全社のTQM活動の一環として活動するためには，設定した改善目標を決められた日程で達成して，全社活動への貢献度を高めなければならない．そのためには，統計的な考え方を積極的に活用して，成果を確実に創出することができる手法を推奨する．さらに，リスクマネジメントの考え方を取り入れ，問題が発生する前に未然防止処置を行い，問題が発生しないプロセス構築をすることも想定している．このフェーズでは，新しい手法の採用や自らに合った手法をどんどん開発してほしい．

で，他の種々の代表的手法と一緒に簡単に紹介します．

第4章 改善の各手順で有効な手法

表4.2 改善のステップで有効な代表的手法の一覧

手法 \ 手順	手順0:改善活動への位置づけの理解	手順1:業務の明確化	手順2:業務手順の見える化	手順3:業務工数の把握	手順4:課題の洗い出しとテーマ選定	手順5:チーム編成	手順6:改善	手順7:標準化と管理の定着	手順8:反省と今後の課題
1) 方針管理	■				■				
2) 業務機能展開シート		■							
3) 業務フローシート			■		■				
4) 業務体系表 業務工数実績表		■		■			■		
5) 問題プロセス抽出シート		■■							
6) ギャップ整理シート		■■							
7) テーマ選定評価マトリックス図					■	■			
8) 系統図(方策展開型,構成要素展開型)							■		
9) 業務モニタリングシート					■			■■	
10) ビジュアルマニュアル					■			■	
11) 巻紙分析			■■■■						

77

4.1 「方針管理」

(1) 概要と目的

「事務・間接職場」での改善は，自職場だけでなく関連職場に様々な影響を及ぼすため，全体最適の視点を持ち活動を進める必要があります．そこで，企業・組織の全体最適，すなわち目指すべき方向(方針)を明示し，徹底し，組織をマネジメントする代表的な仕組みである「方針管理」を「事務・間接職場」で改善を進めるうえで有効活用することが求められます．

「方針管理」とは「経営基本方針に基づき，中・長期経営計画や短期経営方針を定め，それらを効果的・効率的に達成するために，企業組織全体の協力のもとに行われる活動」*を指します．

つまり，会社の方針・計画を企業全体で達成するための改善活動と位置づけられ，職場で改善テーマを抽出する際には，上位方針にもとづく重要課題をリストアップする必要があります．

「方針管理」の大まかな流れの例を図 4.1 に示します．

(2) 「方針管理」の主な仕組み

1) 方針を展開し，活動計画を設定する仕組み

中・長期の経営計画のうち，当該年度の計画は「社長年次方針」などの名称で定められます．これが「事業部長方針」「支店長方針」などに展開され，各部門は上位の方針をもとに図 4.2 の「実施計画書」などの形で課題を設定します．

図 4.2 の「部の具体的実施事項」の内容そのもの，あるいはその一部，

---

* 吉澤 正編，『クォリティマネジメント用語辞典』，日本規格協会

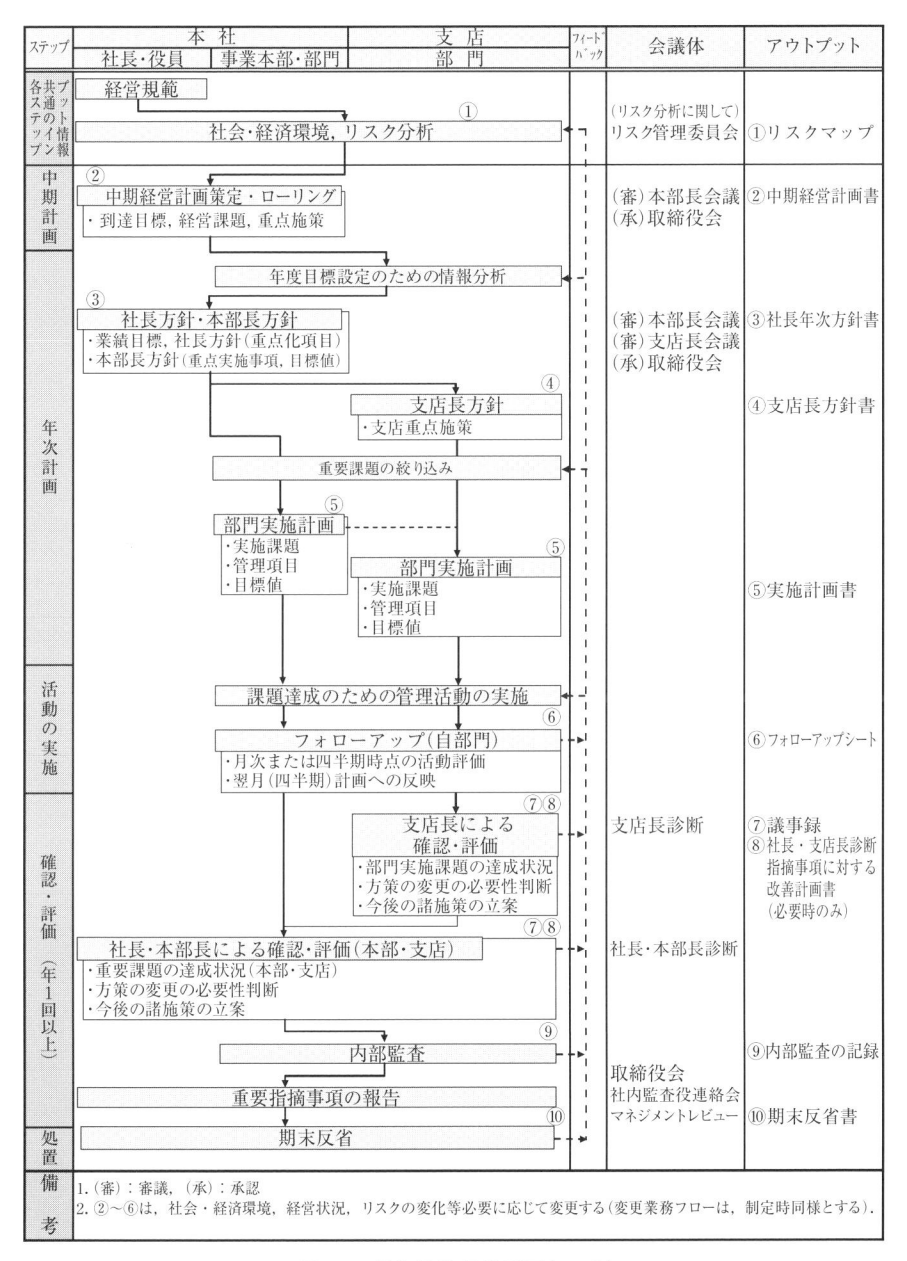

第4章 改善の各手順で有効な手法

図4.1 「方針管理体系図」の例

ステップ	本社 社長・役員	本社 事業本部・部門	支店 部門	フィードバック	会議体	アウトプット
各ステップ共通のインプット情報	経営規範	① 社会・経済環境,リスク分析		←	(リスク分析に関して) リスク管理委員会	①リスクマップ
中期計画	② 中期経営計画策定・ローリング ・到達目標,経営課題,重点施策				(審)本部長会議 (承)取締役会	②中期経営計画書
年次計画		年度目標設定のための情報分析		←		
	③ 社長方針・本部長方針 ・業績目標,社長方針(重点化項目) ・本部長方針(重点実施事項,目標値)				(審)本部長会議 (審)支店長会議 (承)取締役会	③社長年次方針書
			④ 支店長方針 ・支店重点施策			④支店長方針書
		重要課題の絞り込み		←		
		⑤ 部門実施計画 ・実施課題 ・管理項目 ・目標値	⑤ 部門実施計画 ・実施課題 ・管理項目 ・目標値			⑤実施計画書
活動の実施		課題達成のための管理活動の実施				
		⑥ フォローアップ(自部門) ・月次または四半期時点の活動評価 ・翌月(四半期)計画への反映		←		⑥フォローアップシート
確認・評価 (年1回以上)			⑦⑧ 支店長による 確認・評価 ・部門実施課題の達成状況 ・方策の変更の必要性判断 ・今後の諸施策の立案		支店長診断	⑦議事録 ⑧社長・支店長診断 指摘事項に対する 改善計画書 (必要時のみ)
	⑦⑧ 社長・本部長による確認・評価(本部・支店) ・重要課題の達成状況(本部・支店) ・方策の変更の必要性判断 ・今後の諸施策の立案			←	社長・本部長診断	
		⑨ 内部監査			取締役会 社内監査役連絡会 マネジメントレビュー	⑨内部監査の記録
処置		重要指摘事項の報告				
		⑩ 期末反省				⑩期末反省書
備考	1. (審):審議,(承):承認 2. ②～⑥は,社会・経済環境,経営状況,リスクの変化等必要に応じて変更する(変更業務フローは,制定時同様とする).

またはそれに関連した事柄が改善テーマとなり，各管理項目の目標値の達成を目指して改善活動を実践します．

2) 活動のPDCAを回す仕組み

「方針管理」では，「フォローアップ」「上位職による確認・評価」「内部監査」「期末反省」といった具合に，活動のPDCAが回るような仕組みが用意されています．このような機会に，本書に記されている改善の進め方にもとづきレポートをまとめると，活動のプロセスや成果を論理的に説明することができます．

図4.3に「期末反省書」，図4.4に「社長診断指摘事項 改善計画・実施報告書」の例を紹介します．

(3) 方針管理と日常管理

「事務・間接職場」では，「方針管理」にもとづく改善テーマに加え，日常的な業務から発生する改善テーマにも取り組む必要があります．日常業

図4.2 「実施計画書」の例

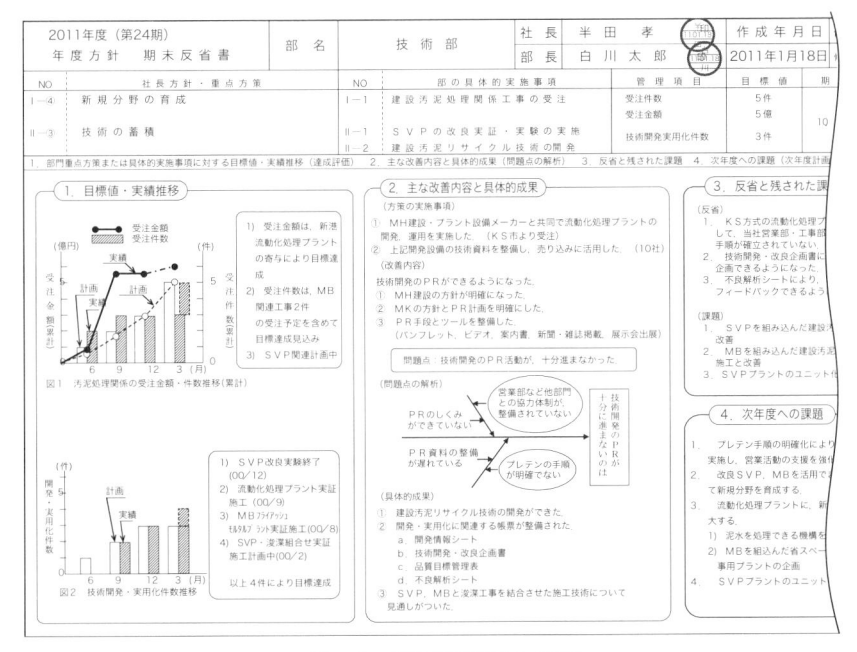

第4章 改善の各手順で有効な手法

図4.3 「期末反省書」の例

図4.4 「社長診断指摘事項　改善計画・実施報告書」の例

務の改善テーマを抽出するツールの一つとして,「業務機能展開シート」や「問題プロセス抽出シート」などを紹介します.

4.2 「業務機能展開シート」

(1) 概要と目的

「業務機能展開シート」とは，日常業務を機能別に区分し，図4.5のように目的→手段，目的→手段を繰り返しながら機能展開を行い，管理項目・帳票・標準類との関係を表にしたものです．

(2) 作成のメリット

「業務機能展開シート」の活用により，日常管理において実施すべき業務の改善項目が明確にできます．すなわち，管理項目のうち未達成のもので，重要かつ優先度の高いものを改善テーマに取り上げ実践することにより，職場の改善に寄与することができます．

(3) 作成の手順

図4.6の基本機能は「TQM活動の推進により経営課題の解決をはかる」となっていますが，一般的には，Q(品質)・C(コスト)・D(納期)・S(安

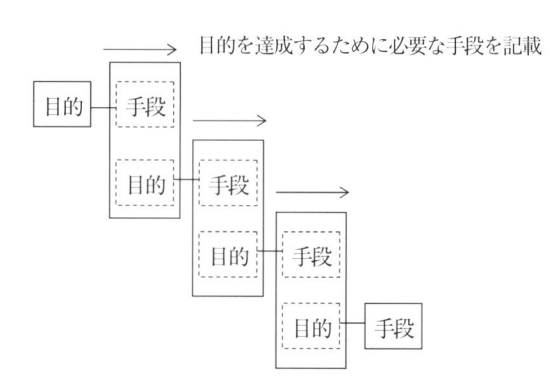

図4.5 「目的→手段」の系統的な展開

第4章 改善の各手順で有効な手法

基本機能	1次機能	2次機能	3次機能	アウトプット (帳票)	担当者 1・2次機能	担当者 3次機能	管理 1・2次機能	管理 3次項目
TQM活動の推進により経営課題の解決をはかる	TQM推進計画にもとづく活動を推進する	マネージャーの改善活動を指導・支援する	改善テーマの活動計画を定める	改善テーマ設定表			改善活動レベル評価点、標準化による活動件数、社外発表件数、改善提案評価点	管理者テーマ完了数、活動支援件数、改善提案件数
			活動状況を把握する	〃	須藤			
			問題点・対策を実施する					
			改善事例の添削・指導を行う	事例添削記録				
			TQM指導会発表事例をフォローアップする	改善事例集		鈴木		
		活動の評価を行う	社外発表・聴講を行う					
			改善の評価・フィードバックを行う	改善活動レベル評価表				
			目標・方策を定める					
			提案状況をチェック・処置をする	改善提案書				
			提案結果の評価・表彰を行う	改善提案評価表				
	管理技術の習得・活用をはかる	社外セミナーを受講する	教育内容・対象者を決定する				QC教育履修率	社外QC教育受講数
			QCセミナー受講計画を立案する	QCセミナー受講計画	鈴木			
			受講申込みを行う手続をを行う	QCセミナー受講申込書				
			受講後のフォローを行う					
		社内セミナーを主催する	改善事例の添削・指導を行う	事例添削記録	須藤			
			管理者向け社内研修を行う	教育・訓練記録		鈴木		
			TQM指導会を開催する	TQM指導会スケジュール表				

注) ( ) は点検点を示す
（活動アドバイスの適切性）

図4.6 TQM推進室の「業務機能展開表」の例

全)・M(モラール)・E(環境)などの観点から基本機能を抽出し，業務機能を4次まで展開することにより，自部門の行うべき業務が具体的になります．

　また，管理項目は「何をよくするために仕事を行っているか」という仕事のねらいを尺度で表わします．つまり，上がったらよいのか，下がったらよいのか，はっきり目標の立つ特性(値)を設定すると良いでしょう．

4.3 「業務フローシート」

(1) 概要と目的

「業務フローシート」は，作業を流れ図(フロー図)で表わしたもので，作業および情報のインプット・アウトプットの流れを一目で「見える」ようにして，業務の問題点を見つけやすくします．製造部門と違い，流れが見えにくい「事務・間接職場」では，業務フローシートを作成することで，プロセスの流れをつかめるようになります．つまり，作業のムダ，ムラ，ムリの有無が見つけやすくなります．

(2) 作成のメリット

1) 前後工程および関連部署との業務のやりとりが明確になる．
2) 業務の流れをすべての関連部署にわたって分析できる(リードタイム短縮，制度・手続きの改善，アウトプット・報告書の改善に役立つ)．
3) 自部門で，どれだけ業務を負担しているかが明確になる(「本当に自部門がやるべき業務へとスリム化する」といった業務配分の改善や帳票の改善などに役立つ)．
4) イレギュラー作業や後戻り作業など，問題がどこで発生しているのかが明確になる(事務作業の改善，帳票の改善などに役立つ)．

(3) 作成の手順

1) 手順1　対象業務の記入

対象業務(担当している業務)を業務の流れに沿って，前工程から順に記入する．手段(システムなど)を使用する場合はその名称を，業務で必要な

書類がある場合は流れの中に書類の名称を記入する．それら業務を矢印で結び，確認，見直し，承認作業による判定(OK，NG)があれば記入する．

2） 手順2　対象作業の記入

　対象作業(現状業務を果たすために必要な作業・実作業)および各詳細作業に要する時間と作業状態を記入する．状態は，状態記号から選ぶ．そして，現状業務(対象業務を果たすために業務過程，プロセスの順に必要な細分化された業務・実作業ではない)を記入する．

3） 手順3　後戻り作業の記入

　よくある後戻り作業を記入する．修正など次の作業に進めず，後退する要素のある作業を吹き出しで記入する．この作業を，現状業務ごとに繰り返し実施して，「業務フローシート」を作成する．

　具体例として，図4.7に部門別QC発表会の議事録送付の「業務フローシート」を，図4.8に社内研修準備の「業務フローシート」を紹介します．

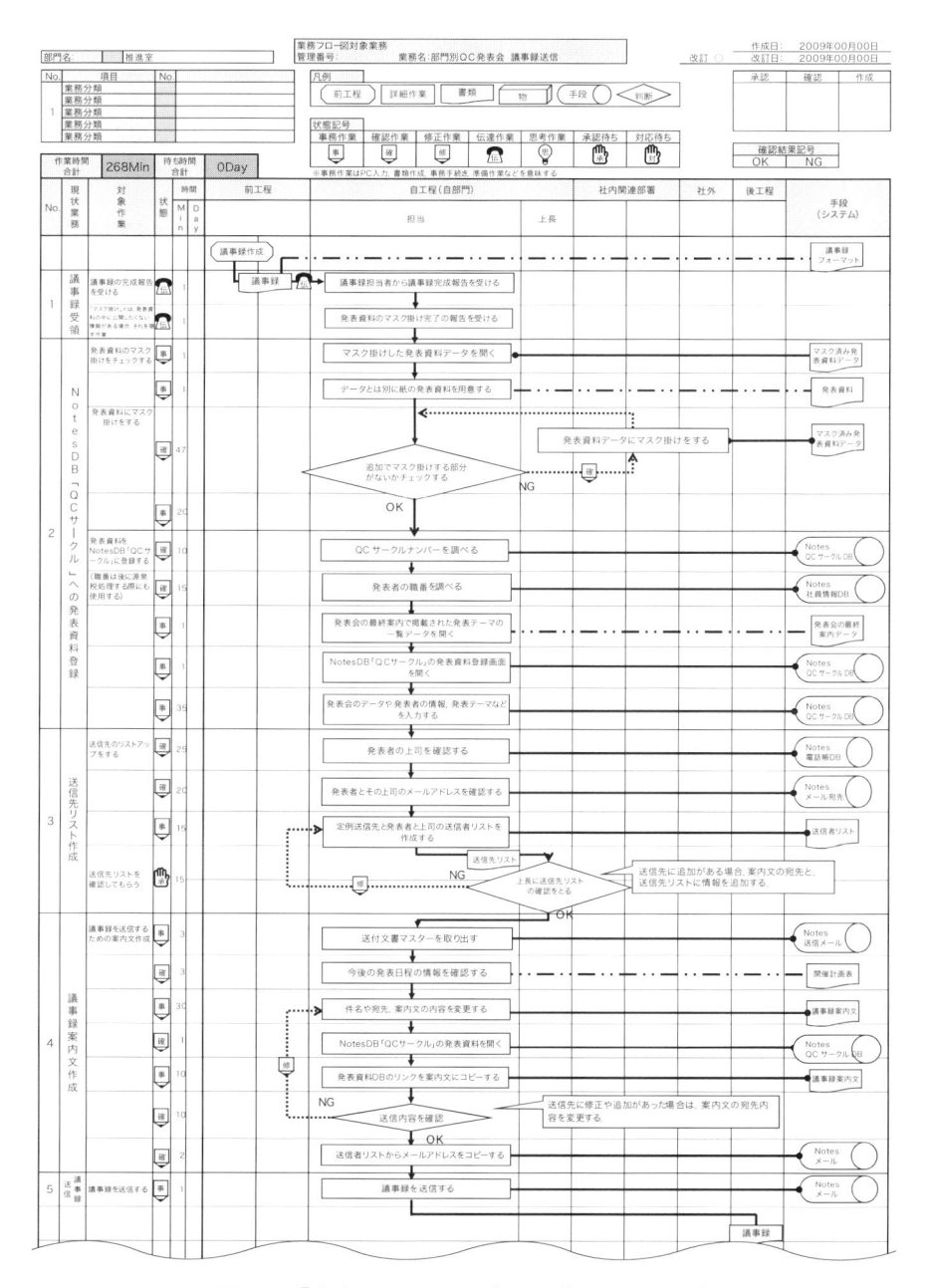

第4章 改善の各手順で有効な手法

図4.7 「業務フローシート」の例(提供：コマツ)

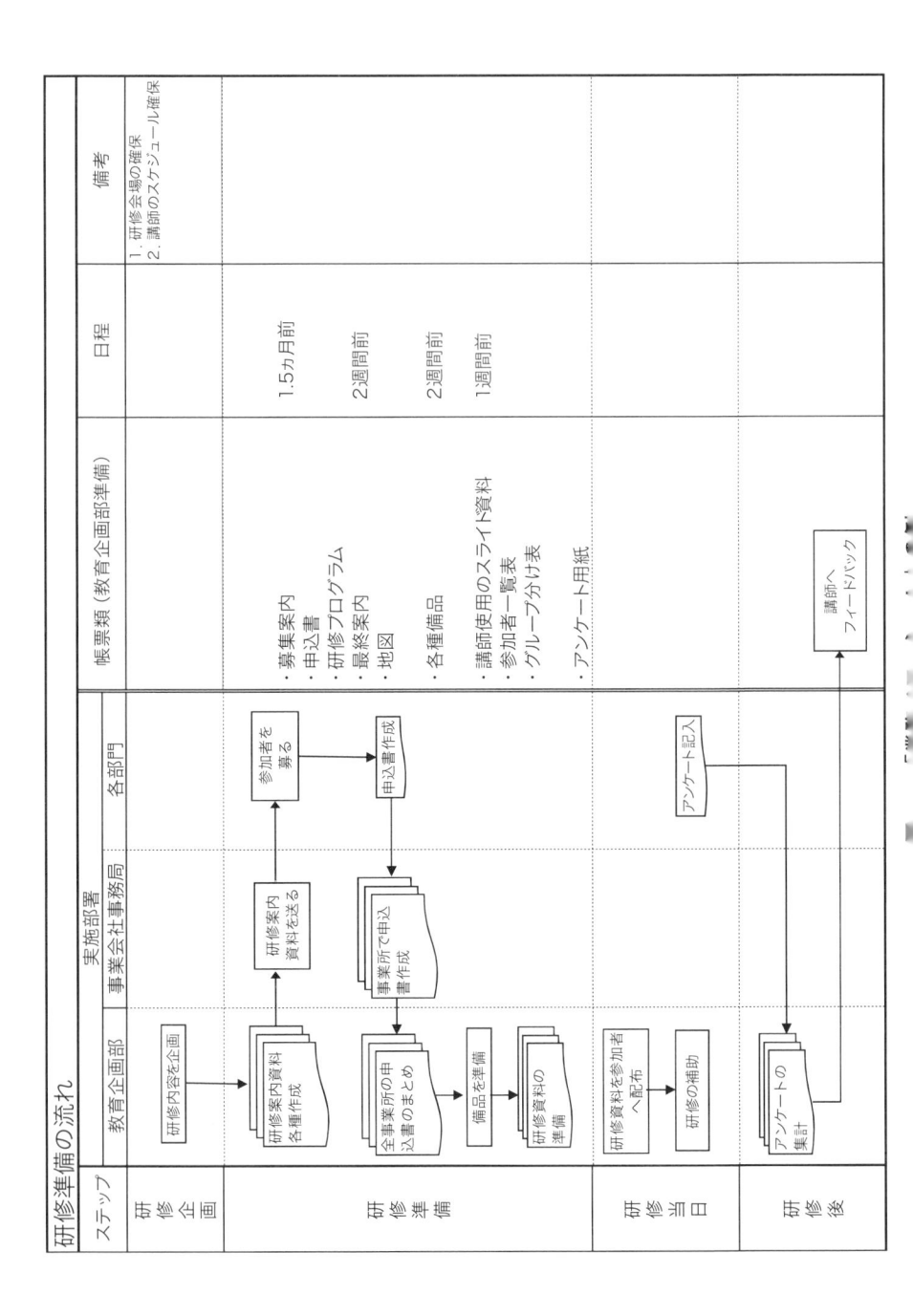

研修準備の流れ

ステップ	実施部署			帳票類（教育企画部準備）	日程	備考
	教育企画部	事業会社事務局	各部門			
研修企画	研修内容を企画 → 研修案内資料各種作成			・募集案内 ・申込書 ・研修プログラム ・最終案内 ・地図	1.5カ月前	1. 研修会場の確保 2. 講師のスケジュール確保
研修準備	全事業所の申込書のまとめ → 備品名を準備 → 研修資料の準備	研修案内資料を送る → 事業所で申込書作成	参加者を募る → 申込書作成	・各種備品	2週間前	
				・講師使用のスライド資料 ・参加者一覧表 ・グループ分け表 ・アンケート用紙	2週間前 1週間前	
研修当日	研修資料を参加者へ配布 → 研修の補助					
研修後	アンケートの集計 → 講師へフィードバック		アンケート記入			

4.4 「業務体系表」と「業務工数実績表」

(1) 概要と目的

　業務工数(業務時間)を管理するということは，業務の遂行状況を業務内容ごとに時間で把握し，管理のサイクル(PDCA)を回すことです．これにより業務内容を数値(時間)で定量化・見える化し明確にすることができます．とくに，「事務・間接職場」の業務は，個人の裁量に任されることが多く，業務プロセスを時間で管理する概念が薄く，改善の糸口が見えにくくなっていることが多いようです．このため，業務工数を管理する仕組みは企業にとって間接コストを把握・管理するうえで非常に重要です．

　一般的な管理目的として，従業員の勤怠管理(残業時間，勤務時間)や労務コスト(間接固定費)を算出する際の実態を把握する場合などに実績管理が行われる時もありますが，「事務・間接職場」における各担当者の業務負荷を見える化して，分析することで業務改善につなげることができます．

(2) 工数管理のメリット

1) 個人ごとに業務の内容を，詳細に時間で把握することができる．
2) 業務の内容を直接・間接，前準備・本番・後処理など，測定単位を変えることにより，改善のポイントが定量的に把握できるようになる．
3) 社員の時間管理の意識が高まり，効率的な業務遂行が期待できる．

(3) 作成の手順

1) 手順1　「業務体系表」の作成(表 4.3 参照)

　管理対象とする組織(会社を運営する基本機能を果たす単位)ごとに基

本機能(職場のミッション,主たる業務)を明確に整理し,その業務内容を業務プロセスの流れに沿って分解・整理する.そして,業務工数の管理単位(記録単位・分単位か30分単位かなど)を決める.

業務は定型業務(ルーチン業務)と非定型業務(突発業務,特別業務)に分類し,年間の業務内容とスケジュールをあらかじめ明確にしておく.職場

表 4.3 「業務体系表」(実績表としても使用)の例(提供:コニカミノルタ)

小集団活動推進グループ(全社推進事務局)

大分類	中分類	小分類	細目(備考)	工数(分) 当日	工数(分) 累積
本来業務	改善活動普及・推進	教育の実施	階層別教育	募集案内,研修運営		
			研修資料作成	情報収集,資料作成		
		イベントの実施	発表会の開催運営	会場手配,参加者手配,資料準備,運営,アンケート解析		
		各部門支援	個別活動支援	ニーズ把握,コンサル実施,広報実施		
	社会貢献活動	社外QCサークル活動参加	会合参加	準備,会合参加,社内展開		
			大会運営参加	準備,大会運営		
運営業務		業務集約管理	月次報告	作成,報告,会議		
			週次報告	作成,報告,会議		
			半期・年度報告	作成,報告,会議		
		自部門年度方針策定	年度計画策定	提案,調整,全部門徹底		
		自部門運営会議	会議開催	案内,会議運営,議事録		
			全社進捗把握	会議資料作成,提案,審議		

における業務には，その職場のミッション（使命）を果たすための本来業務と，その業務を効率よく効果的に，さらに関連部門と整合のとれた形で遂行するための運営業務に大きく分かれる．

2) 手順2 工数管理の方法

　手順1で作成した業務体系表をもとに，業務内容を小分類に分解し，細目まで追跡できる業務を工数管理項目として，実際にかかった時間を記録・入力する．

　「事務・間接職場」では，パソコンに向かって仕事をする時間がほとんどなので，工数管理を煩雑にしないため，たとえばeメールの処理時間は，一括してメール処理として記録し，ExcelやWordなどを使って帳票や書類を作成するためにパソコンに向かっている時間は，それぞれの業務時間として記録するのが妥当である．

　とくに，把握しておきたい点は，定型，非定型を問わず，"失敗業務（失敗コスト）"つまり，やり直しの"追加業務＝あらかじめ予期されていない業務"である．間違い訂正などにかかった工数を把握できるようにしておかないと，時間を集計・解析しても問題・課題が見えなくなる恐れがある．

3) 手順3 工数の集計・解析

　工数の集計・解析は簡易なものであればExcelなどを活用することは可能であるが，複雑さが増すと入力のためのシムテムソフトの開発が必要となる．また，組織の年度の重点課題・目標とリンクさせながら入力項目を変えていくことが必要で，最低2回／年程度の見直しが必要となる．そのため，管理者による都度の点検が必要である．

4) 手順4　業務工数分析と業務改善

　工数分析の方法は，本来業務と運営業務の比率，業務負荷分析など，目的に合った内容で集計し，数値解析を行う．

　解析した結果から業務の問題・課題を抽出し，業務改善へつなげるためには，組織のマネジメントの仕組みのあり方が重要である．評価をタイムリーに行うためにも管理者のマネジメントのやり方が重要となる．つまり，改善への判断基準は，業務のムダ・ムラ・ムリをなくす観点から行い，自部門の業務内容を評価し，継続的な改善を進めることが重要になる．業務内容を,「書類の作成・配布」の観点から解析する手法として「巻紙分析」がある(「4.11　巻紙分析」参照).

4.5 「問題プロセス抽出シート」

(1) 概要と目的

　「問題プロセス抽出シート」は,「業務機能展開シート」や「業務体系表」によって明確にした業務をもとに,その職場で過去に発生した問題を整理して失敗モードを抽出します.抽出された失敗モードを使って,問題の発生が予測される原因を想定し,職場で発生する問題を未然に効率よく防止するために用います.

　職場の業務を滞りなく実践するためには,自分たちの職場の職責を確実に履行しているかを絶えずチェックしなければなりません.そこで,このシートを活用することで,業務を遂行するうえでの問題発生を未然に防止することができます.

　このシートは,信頼性工学の分野で活用されているFMEA (Failure Mode and Effects Analysis:失敗モード影響解析)を参考にして開発されたもので,自職場の業務を履行するうえで問題発生のリスクを持つプロセスを予測し,予測した問題を評価して,改善着手の優度を決め,改善の必要性や優先度を明確にして未然防止による問題発生を抑制する手法です.

(2) 作成のメリット

「問題プロセス抽出シート」のメリットは,次の通りです.
1) 業務プロセスに内在する問題点を明らかにすることで,未然防止に役立てることができる.
2) 業務プロセスで予測される失敗モードが明らかになる.
3) 失敗の発生度や検出度,致命度などで評価することで,失敗の影響の度合いが明確になる.

4) 問題の解決の優先度が明確にできる．

(3) 最初に「失敗モード一覧表」を作る

「問題プロセス抽出シート」を作成する前に，「失敗モード一覧表」を作成することを薦めます．業務に潜む失敗などの問題点を洗い出す際，思いつくままに挙げていたのでは抜け落ちの可能性が高くなり，改善も場当たり的なものになりがちです．これを防ぐには過去に経験した失敗やエラーの事例をもとに，その職場でよく起こる失敗をまとめて類型化（同じようなタイプをまとめる）した一覧表を作成して活用することが有効です．これが「失敗モード一覧表」です．

表4.4は，「事務・間接職場」における失敗事例をもとに作成した「失敗モード一覧表」です．人の起こす失敗はいろいろな種類があって，数や種類が多く見えるかも知れませんが，この一覧表のような少数の内容の失敗を繰り返し，いろいろな場面で起こしていることが大部分です．したがって，「失敗モード一覧表」をうまく活用すれば，まだ発生していない失敗を効率よく予測することができるようになります．

なお，「事務・間接職場」といっても業務の幅が広くなりますから，「失敗モード一覧表」は職場によって多少変わります．職場で人の起こす失敗は共通性が高いので，この事例を参考にして一度作っておくと，いろいろな作業の分析に繰り返し活用できます．

(4) 「問題プロセス抽出シート」の作成の手順

「問題プロセス抽出シート」は，プロセス名称，プロセスの機能と失敗事象（サブプロセス，失敗事象），問題の様態（失敗モード），想定原因，問題発生時の影響，失敗モードの重要度（発生度，致命度，検出度），総合評価，是正の方向性などが盛り込まれている一覧表です．

前述の「失敗モード一覧表」の作成が終わったら，次の手順で「問題プ

表4.4 「失敗モード一覧表」の例

分類		失敗モード	対応する失敗の具体的な内容
業務の進捗を間違える	記憶による失敗	① 抜け	・指示忘れ，確認忘れ，記録忘れ ・決められた作業手順を抜かす ・事務機のスイッチなどの操作の抜け
		② 回数の間違い	・作業を重複して行う ・作業回数の過不足
		③ 順序の間違い	・前後の作業の順序を逆に行う
		④ 実施時間の間違い	・決められた時刻よりも早く作業する ・決められた時刻よりも遅れて作業を始める ・決められた時間よりも過不足がある
		⑤ 不要な作業の実施	・禁止された作業を行う ・不必要な作業を行う
業務の実施を間違える	知覚判断による失敗	種類・数量の誤認 ⑥ 選び間違い	・方法を選び間違える，人の識別を間違える ・キーボードやスイッチ，ボタンを選び間違える ・情報を選び間違える ・指示票，記録用紙，欄を選び間違える
		⑦ 数え間違い，計算間違い	・データを数え間違える ・データを計算し間違える
		状態の誤認 ⑧ 見逃し	・情報を見逃す，表示や注意書きを見逃す ・気づくべき不具合やその兆候を見逃す
		⑨ 認識間違い	・人や事象の状態・有無を誤認する ・指示票や書類を読み間違え，情報を聞き間違える
		⑩ 決定間違い	・情報にもとづく処置の決定を間違える
		なすべき動作の誤認 ⑪ 動作位置・方向・量の間違い	・物のセット位置，方向，送り先を間違える ・スイッチの設定，操作方向を間違える ・切断，挿入，締めつけの角度・量を間違える
		⑫ 保持の間違い	・物の間違った箇所を持つ，間違った持ち方をする
		⑬ 記入・入力の間違い	・指示票への記入を間違える ・コンピュータへの入力を間違える
	動作による失敗	⑭ 不正確な動作	・物をずれた位置にセットする ・不正確な切断，挿入，貼り付けなどを行う
		⑮ 不確実な保持	・物の保持，固定を不確実に行う ・物を誤って落とす，離す
		⑯ 不十分な回避	・物をぶつける，刺す，飛散させる ・つまずく，落ちる，誤って触れる ・回避距離を十分とらない

ロセス抽出シート」を作成します．

1) 手順1　プロセス名称，プロセスの機能と失敗事象の列記

　問題の発生が予測される業務プロセスと，そのプロセスの機能を機能表現（名詞＋動詞で表わす．例：方針を作る）で記述する．プロセスやサブプロセスの内容は，「業務機能展開シート」で明確にした「機能展開表」(p.83参照）を活用して作成し，失敗事象はサブプロセスごとに発生が想定される失敗の内容を列記する．

2) 手順2　問題の様態，想定原因，問題発生時の影響の記載

　問題発生が予測されるプロセス，サブプロセスでどのような問題が発生するかを予測して，その問題の内容（失敗モード）を，「失敗モード一覧表」を参照しながら記入する．次に，その失敗原因と思われる要素（想定原因）と，その問題が発生した時に自職場や後工程にどのような影響を与えるか（問題発生時の影響）を記載する．

3) 手順3　失敗モードの重要度の総合評価

　一般に，列挙される失敗の数は非常に多く，これらすべてに対して対策することは経済的ではない．何らかの基準を設けてリスクの大きさを見積もり，対策の必要なものとそうでないものを振り分ける必要がある．

　リスクの大きさを見積もるには，次の3項目について「失敗のリスク評価基準」を定めて行う．

① 発生度：失敗の発生の可能性
② 致命度：失敗が引き起こす影響の大きさ
③ 検出度：失敗の発生が重大な影響を引き起こす前に検出できる度合い

以上の3項目をそれぞれ独立に3〜5段階で点数づけ（危険優先指数）

し，その3項目の評価点の積を用いて評価(総合評価)する．

この評価項目は，職場や問題の性質によって変えることもある．

点数づけは，表4.5に示す事例のようなリスク評価基準をあらかじめ決めておくとチーム内の合意が得やすく有効である．

4) **手順4　是正の方向性の記載**

予測される問題を是正するアイデアがあれば，そのアイデアを記載する．

図4.9に示す「問題プロセス抽出シート」は，小集団活動事務局の業務を元に作成しました．

表4.5　失敗のリスク評価基準

(小集団活動事務局の例)

項　目	点　数	定　義
発生度	1	発生しそうにない(年に1回発生する可能性がある)
	2	発生するかもしれない(月に1回発生する可能性がある)
	3	おそらく発生する(月に数回発生する可能性がある)
	4	すぐに，あるいは短期間のうちに発生しそう(週に数回起こる可能性がある)
致命度	1	関係者への影響がない，事務処理の増加がない，サービスレベルの悪化がない
	2	小範囲の事務処理の増加，小範囲でサービスレベルの悪化
	3	事務処理の増加，サービスレベルの悪化
	4	関係者に不信感，忌避感が発生
検出度	1	エラーの発生を自動的に検出する工夫がされている
	2	エラーの発生が明白で，業務を終える前に担当者が気づく
	3	確認を行っているが，見逃しが起こる可能性がある
	4	検出の機会がなく，エラーの発生がすぐに影響の発生につながる

問題プロセス抽出シート

プロセス名称	プロセスの機能と失敗事象		問題の様態(失敗モード)	想定原因	問題発生時の影響	失敗モードの重要度			総合評価	是正の方向性
	サブプロセス	失敗事象				発生度	致命度	検出度		
推進組織を運営する	推進委員会を組織する	推進組織の組織化を忘れる	抜け	年間業務の不認識	活動の立ち上がりが遅れる	1	4	4	16	
		活動に不熱心な人を選ぶ	選び間違い	活動への認識の違い	部分的に活動が停滞する	1	3	3	9	
	推進委員会を開催する	開催日や場所を間違えて連絡する	記入・入力の間違い	注意不足	委員会が開催できない	2	3	4	24	
		議題を選び間違える	選び間違い	注意不足	委員会運営が停滞する	2	2	2	8	
活動方針を作る	年度方針の決定が遅れる	認識間違い	年間業務の不認識	全社が続率ができない	1	2	2	4		
	活動計画を作る	担当者の決定が遅すぎる	認識間違い	活動への認識の違い	活動が停滞する	1	2	2	4	
	予算を確保する	予算の申請を忘れる	抜け	年間業務の不認識	活動が頓挫する	1	4	2	8	
		申請額を間違える	選び間違い	注意不足	予定が実践できない	1	4	4	16	
	計画を実施する	計画の実施を怠る	見逃し	管理不足	予定が実践できない	1	2	3	6	
		予算超過でジョブを執行する	認識間違い	認識不足	計画が円滑に運営できない	3	3	2	18	
	技法を開発する	使いにくい技法を開発する	決定間違い	情報不足	手法への不信感がでる	3	3	2	18	
教育を開く	社内研修を開く	不適切な講師を選ぶ	決定間違い	情報不足	スキルの向上がはかれない	1	2	3	6	
	外部研修会参加させる	研修会の開催連絡を忘れる	抜け	注意不足	研修会が開催できない	2	4	2	16	
支援活動をする	交流会を開く	不適切な交流会を選ぶ	選び間違い	活動への認識の違い	活動の活性化がはかれない	3	3	4	36	募集要項に注意書きする
	悩み相談を受ける	重要な悩みを見落とす	抜け	注意不足	活動の活性化がはかれない	2	3	2	12	
	データを登録する	登録を間違える	選び間違い	注意不足	活動がマンネリ化する	2	2	4	16	
		間違えてWebに登録する	記入・入力の間違い	実施時間の間違い	Webが信用されなくなる	3	2	2	12	
	支援活動をフォローする	支援活動を怠る	抜け	注意不足	活動の質の向上がはかれない	2	2	3	12	
情報を発信する	成果分析結果を報告する	情報の分析を間違える	選び間違い	知識不足	事務局への不信感が出る	1	3	3	9	
	活動の報告をする	報告金額を間違える	計算間違い	注意不足	事務局への不信感が出る	2	4	4	32	第三者チェックを実施する
	活動ニュースを作る	活動ニュースの発行を忘れる	抜け	注意不足	活動の活性化がはかれない	1	3	2	6	
	ホームページを運営する	インプットを間違える	不正確な動作	注意不足	活動のニュースの信頼が弱まる	2	4	4	32	事務局全員で確認する
発表会を開催する	部門発表会を開く	発表会の開催を忘れる	記入	注意不足	データベースが使えなくなる	3	4	3	36	第三者チェックを実施する
	全社発表会を開く	役員の出席予約を忘れる	抜け	注意不足	活動の活性化がはかれない	1	2	3	6	
		講演依頼を忘れる	抜け	注意不足	役員の協力が得られない	1	2	2	4	
活動を評価する	社外発表会に参加する	発表エントリを忘れる	抜け	注意不足	活動の活性化がはかれない	1	2	2	4	
	活動の評価面図を作る	活動依頼を忘れる	不正確な動作	知識不足	教育効果が出ない	3	3	4	36	スキルを向上する
	報告書を作る	評価の集計間違い	計算間違い	注意不足	事務局への不信感が出る	3	3	2	18	

図4.9 「問題プロセス抽出シート」の例

98

4.6 「ギャップ整理シート」

(1) 概要と目的

「ギャップ」とは，現状とあるべき姿・ありたい姿との差のことをいいます．職場の問題・課題を洗い出すためには，この「ギャップ」を認識し，整理することが重要です．この「ギャップ」を洗い出し，整理することを手助けするのが，「ギャップ整理シート」です．

(2) 作成のメリット

1) あるべき姿・ありたい姿と現状とを対比することで，ギャップを明らかにすることができる．
2) あるべき姿・ありたい姿をあらかじめ整理し明示することで，ギャップを認識するうえで問題解決の切り口のヒントを得ることができる．
3) ギャップを整理して，その大きさを確認することで，問題・課題の大きさをメンバー間で共有化することができる．

(3) 「ギャップ整理シート1」の作成の手順

このシートは，ある程度共通性のある業務ごとのあるべき姿・ありたい姿を，系統図的な手法を使って具体的に表現した表を準備しておき，その表のあるべき姿・ありたい姿と現状とを対比させて，ギャップの有無とその大きさを評価するものです（表4.6参照）．

この「ギャップ整理シート1」は，活動のフェーズが，「フェーズ1」にあるような職場の方々に適しています．

表4.6 「ギャップ整理シート1」の例

ギャップの大きさ：◎, ○, △

特性	あるべき姿・ありたい姿			ギャップの大きさ
	1次要因	2次要因	3次要因	
業務の効率化をはかるためには	パソコン効果	デジタル化	データベース化を充実させる	
			情報を持つ部門が入力をする仕組みに変更する	
			バックアップの信頼性を向上する	
			デジタルファイル化の徹底を行う	
			管理職のパソコンスキルを向上する	
			デジタル管理者の徹底によるサーバー内の5Sを実施する	
		パソコンによる見える化をはかる	Wordデータを減らす	
			解析・分類が必要な帳票にはExcelを用いる	
			Excelの機能を研究する	
			Excelの操作勉強会を開く	
			各種フォーマットのExcel化の実施を行う	
			業務の見える化をはかる	
			グラフの活用をはかる	
	業務の基本	業務意義	社内セールスを行い，部門の重要性を示す仕事を行う	
			好結果を示す対策を工夫する	
			情報を一部署でまとめず，担当部署に分散する	
			真の原因を明確にする	
		業務のやり方	業務分掌の見直しを行う	
			他企業からの情報を収集し，応用の可能性を模索する	
			業務のプロセス全体を見渡しながら執行する	
			8月よりロケットスタートを考慮した年度計画を施行する	
		標準化	ファイリングを明確に行う	
			必要本の購入と管理の徹底を行う	
			標準化のための一覧を作成する	
	作成データ	データの明確化	作成データ必要性を明確にする	
			企業として必要なデータを明確にする	
			業務内容の一覧を作成する	
		データの意味	不必要な資料は作成しない	
			必要なデータは積極的に作成し展開する	
			必要データの入手先を明確化する	
	人材	教育	必要な情報や技術を研修会に参加し取得する	
			手順書の整備による作業の単純化をはかる	
			定期的な情報管理の勉強会を実施する	
		マンパワー	実務者を増やす	
			実務者の若返りをはかる	
			業務への優先順位を決める	
			業務の分散を考慮する	
			アルバイト，エルダーを利用する	

1) 手順1　事務業務・受付業務や受発注業務といった，ある程度共通性のある業務ごとに，系統図的な手法を使い，あるべき姿・ありたい姿を具体的に表現した表を準備する．

　　　　　4M（人：Man，機械：Machine，材料：Material，方法：Method）といった基本要素から，業務の理想的な姿を描きながら，多面的な切り口を書き出すと良い．

2) 手順2　表の各項目と現状とを対比させながら，その差異の大きさを考える．

3) 手順3　差異の大きさによって大きいほうから評価点◎，○，△や5，4，3，…などを評価する．

4) 手順4　全項目について，一通り評価し終わったら，全体を再度見渡して，その評価結果について，各人が感じている現状と違いがないかを全員で確認する．

(4)　「ギャップ整理シート2」の作成の手順

　このシートは，現状の把握がすでにすんでいて，問題点の内容が比較的明らかになっており，ギャップの項目，切り口が絞り込まれている場合に，そのギャップの内容を具体的にして，整理するのに有効です（表4.7参照）．

　この「ギャップ整理シート2」は，活動のフェーズが，「フェーズ2～3」にあるような職場の方々に有効です．

1) 手順1　現状把握の段階で，あるべき姿・ありたい姿とのギャップを感じた項目を特性・項目の欄に記入する．

2) 手順2　各項目について，あるべき姿・ありたい姿を記入する．

3) 手順3　各項目について，現状の姿を記入する．

4) 手順4　各項目について，あるべき姿・ありたい姿と現状の姿との差異を，ギャップの欄に記入する．

表4.7　「ギャップ整理シート2」の例

特性・項目	あるべき姿・ありたい姿	現状の姿	ギャップ
リレーショナルデータ・ベースの活用	必要条件を入力するだけで，簡単に誰でも数値を算出できる⇒算出5分	そのたびにExcelに計算式を当てはめている．⇒算出40分	35分
業務の見える化	文書から画像を用いたツールとし，繰り返しの利用が負担にならない	文書化されているが，作業が読み取れない	問題点の回答がさがせない

4.7 「テーマ選定評価マトリックス図」

(1) 概要と目的

「テーマ選定評価マトリックス図」は，ものごとを多次元的な視点から理解する時に用いられる手法です(図 4.10 参照)．テーマ選定に当たって，メンバーから提出された問題・課題に対して「重要度」「緊急度」「実現性」などの評価項目を用いることで，取り組むべきテーマの優先順位を明らかにすることができます．

(2) 作成のメリット

1) 職場の問題・課題をメンバー全員で共有化でき，コンセンサスを得ることができる．
2) 目的に合わせて評価項目を変えることにより，職場の種々の問題を見渡すことができる．

(3) 作成の手順

1) 手順1　問題・課題を縦軸に列記する．

2) 手順2　横軸に評価項目を記入する．評価項目は，「重要度」「緊急度」「実現性」「上司方針との整合性」「取組みやすさ」などが，一般的に用いられる．

3) 手順3　縦軸および横軸に線を引く．

4) 手順4　評価項目に対し，○印「大いにあり」，△印「多少あり」，×

印「なし」として，縦軸との交点に記入する．

5) **手順5** 〇△×の印には，配点を決めておく

 　　　　　＜例＞ 〇：5点　△：3点　×：1点　など

6) **手順6** 合計点で評価をし，テーマとなる問題・課題を選定する

〇：5点　△：3点　×：1点

職場の問題点 ＼ 評価項目	取組みやすさ	データの取りやすさ	緊急度	重要度	部・課の方針	期待効果	総合点
共通の仕事以外のサポートができない	〇	△	〇	△	△	〇	24
クレームに対する回答が遅い	△	〇	△	〇	〇	〇	26
注文書の処理期間が長い	△	〇	△	△	×	△	18
前工程の仕事を理解していない	×	△	×	△	×	〇	14
PC内のフォルダが整理できていない	×	△	△	△	×	〇	16

図4.10　「テーマ選定評価マトリックス図」の例

4.8 「系統図」(方策展開型, 構成要素展開型)

(1) 概要と目的

「系統図」は，目的や目標を達成させるために必要な手段や方策を，系統的に展開したチャートを作成することによって，問題の重点を明確にしたり，目的や目標を達成させるための最適手段・方策を追究したりする手法です．

「系統図」には，目的と手段・方策を展開する「方策展開型」(図4.11参照)と，構成している要素を目的と手段の関係に展開する「構成要素展開型」(図4.12参照)があり，「構成要素展開型系統図」の中の一つとして結果と原因で展開した「特性要因系統図」があります．

(2) 作成のメリット

1) 問題解決のための方策を検討し，より具体的な方策を追究でき，最適な手段・方策を絞り込むことができる．
2) 改善すべき問題点の中身を整理して，問題点の構成を明らかにすることができる．

(3) 作成の手順

以下に「方策展開型系統図」の作成手順を示しますが，「目的」を「問題」に，「手段」を「原因」に置き換えることで，原因を追究する「特性要因系統図」を作成することが可能です．

1) **手順1　基本目的を決める**

解決したい問題を「～を～するためには」または「～に～をはかるには」

と表現し目的カードを作成する．次に，この目的は何のために取り上げたのかという大目的を確認し，目的を果たすに当たっての制約事項も，目的の下側に付記しておく．

2) 手順2　1次手段を考える

　目的を果たすための1次手段として最適な手段を2～4つに絞り，カードに書き，目的カードの右側に上下に並べて仮線で結ぶ．1次として最適な手段の表現は，目的を果たすための直接手段となるものなので，2次以降の手段群の表札となるようなレベルの表現がよい．

3) 手順3　2次以降の手段を展開する

　1次手段を目的として，これを果たす手段を「～を～する」と表現して，カードに書き，1次手段の右側に並べ仮線で結び，以下，3次，4次…と下位の手段を実施可能なレベルを得るまで展開していく（手段に詰まったら一時中断して，そのところの目的をテーマにして，みんなでブレーンストーミングを行うと良い）．

4) 手順4　目的と手段の関係を確認する

　一通り手段の展開を終えたところで，下位から上位に向けて，その手段が妥当なものであるかを確認し，目的と手段の関係が確認できたらカードを貼り付けて，その関係を線で結び系統図を仕上げる．

　「方策展開型系統図」の事例を図4.11に，「特性要因系統図」の事例を図4.12に示します．

図4.11 「方策展開型系統図」の例

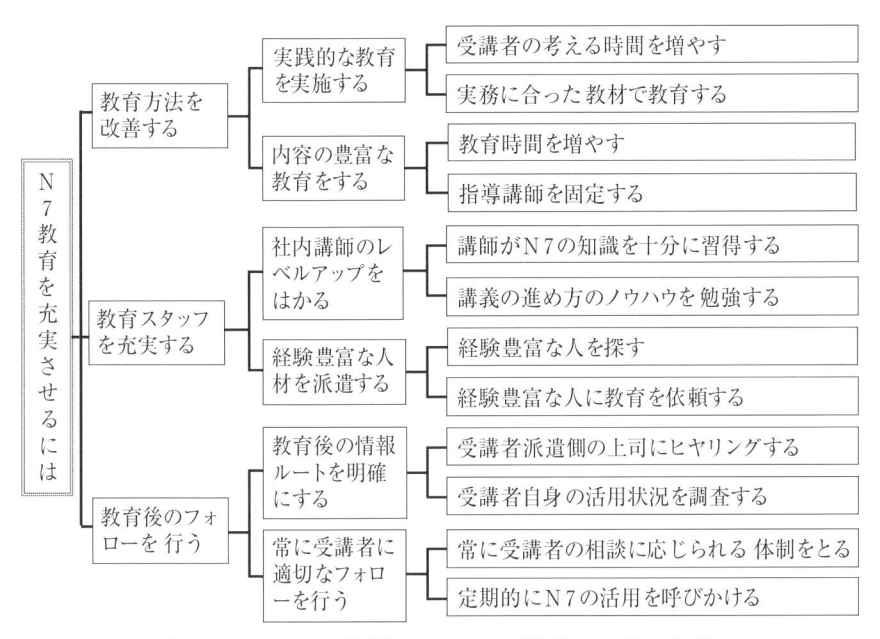

- N7教育を充実させるには
  - 教育方法を改善する
    - 実践的な教育を実施する
      - 受講者の考える時間を増やす
      - 実務に合った教材で教育する
    - 内容の豊富な教育をする
      - 教育時間を増やす
      - 指導講師を固定する
  - 教育スタッフを充実する
    - 社内講師のレベルアップをはかる
      - 講師がN7の知識を十分に習得する
      - 講義の進め方のノウハウを勉強する
    - 経験豊富な人材を派遣する
      - 経験豊富な人を探す
      - 経験豊富な人に教育を依頼する
  - 教育後のフォローを行う
    - 教育後の情報ルートを明確にする
      - 受講者派遣側の上司にヒヤリングする
      - 受講者自身の活用状況を調査する
    - 常に受講者に適切なフォローを行う
      - 常に受講者の相談に応じられる体制をとる
      - 定期的にN7の活用を呼びかける

図 4.11 「方策展開型系統図」の例（提供：日産自動車）

図4.12 「特性要因系統図」の例

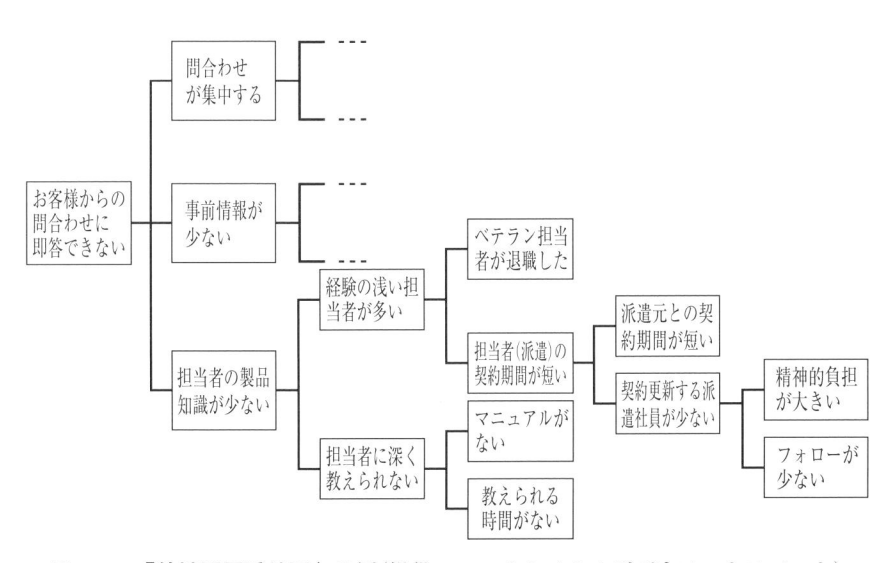

- お客様からの問合わせに即答できない
  - 問合わせが集中する
    - ---
    - ---
  - 事前情報が少ない
    - ---
  - 担当者の製品知識が少ない
    - 経験の浅い担当者が多い
      - ベテラン担当者が退職した
      - 担当者(派遣)の契約期間が短い
        - 派遣元との契約期間が短い
        - 契約更新する派遣社員が少ない
          - 精神的負担が大きい
          - フォローが少ない
    - 担当者に深く教えられない
      - マニュアルがない
      - 教えられる時間がない

図 4.12 「特性要因系統図」の例（提供：コニカミノルタビジネスエキスパート）

107

4.9 「業務モニタリングシート」

(1) 概要と目的

「業務モニタリングシート」は，業務プロセスの品質保証のプログラムを示すものです．その内容は業務遂行のプロセスにおいて，各作業をどのような順序で行い，質をどのような条件で管理するのか，また，品質を保証するために，どのような品質特性をチェックしていくのかを表わしています．

このシートには，対象とする業務プロセスを構成するタスクと，その各タスクの関わりを図示するフローチャートと，タスクの質とレベルを示すモニタリング項目，さらに管理レベルを記載します．

(2) 作成のメリット

1) 質の良いサービスや商品が提供できる．
2) サービスや商品の質のばらつきを抑えることができる．
3) サービスや商品の品質の状況が記録できる．
4) サービスや商品の提供に関する人材の力量を明確にできる．
5) 業務の質の点検やその記録など質の維持・確保ができる．

(3) 作成の手順

「業務モニタリングシート」を構成する必要最低限の項目は，タスクの流れ，タスク名，モニタリング項目，管理レベルの4つの項目ですが，この仕組みを実施する部署の組織的な力量に合わせて，盛り込む項目などを含めて設計することをお薦めします．この4項目が明確になると業務の内容が非常に明確になって，改善へとつなげることができ，このシートの価

値を十分発揮することができます．

「業務モニタリングシート」は，次の手順で作成します．

1) 手順1　業務や作業を選定する

　作成する「業務モニタリングシート」の活用目的を明確にして，その目的にあった業務あるいは作業プロセスを選定する．

2) 手順2　業務の目的を記入する（必須項目）

　選定された業務の目的を明確にして，確立すべき質の要件を明らかにする．シートの内容は，この「業務の目的」を達成できる内容で構成することになる．

3) 手順3　「業務モニタリングシート」の項目内容を検討する

　「業務モニタリングシート」の項目内容は，タスクの流れとタスク名，モニタリング項目に加えて必要な管理レベルが最低限の項目である．図4.13に掲載した例は，必要最低限の項目に絞った例である．

　それ以外の項目は，組織の力量などに応じて追加する．たとえば，モニタリング項目のチェック方法やその頻度，異常処理や管理外れが出現した時の対応，モニタリング項目の管理要件などが挙げられる．

4) 手順4　業務フローを記入する

　対象とする業務を，個別の作業に分解して，作業を実行する順にタスク番号を付ける．次に，各タスクの流れをフローチャートで表わし，各タスクの関わりを明確にする．タスクは，業務遂行や運搬・停滞といったタスクの持つ機能を工程記号で表わす（表4.8参照）．

番号	タスクの流れ（お客様／受付／従業員）	タスク名	モニタリング項目	モニタリング方法	管理レベル
	業務の目的	受付業務をスムーズに行い、セキュリティーも考慮する			
1		お客様が来訪し受付に立ち寄る	ていねいにお迎えする	姿勢を正す	
2		挨拶をする	気持ちよく挨拶をする	笑顔で迎える	
3		身分を証明できるものを提示いただく	社員証・名刺などを拝見する	笑顔で対応する	
4		車でお越しいただいたかの確認をする	ていねいに対応する	笑顔で対応する	
5		駐車プレートを渡す	駐車場所の間違いがないように確認する	落とさないように渡す	
6		駐車位置の案内をする	地図を見せながら案内する	場所を指さしながら案内する	
7		車を駐車する	監視モニターで駐車位置をチェックする	間違い駐車しないように確認する	
8		受付に立ち寄る	再度、ていねいにお迎えする	姿勢を正す	
9		面会票を記入いただく	記入例を見せながら、面会票を渡す	落とさないように渡す	
10		記入した面会票を受付に提示いただく	記入漏れがないかをモニタリングする	素早く確認する	
11		お客様用バッチを渡す	胸につけていただく	落とさないように渡す	
12		面会従業員に連絡をとる	面会の従業員に内線電話で連絡をとる	連絡時間 1分以内	
13		面会場所を伝える	空室場を確認・指定し、面会場を控える	確認時間 1分以内	
14		面会場所のプレートを渡す	指定面会場所の間違いがないように確認する	落とさないように渡す	
15		面会場所を案内する	面会場所の地図を見せながら案内する	場所を指さしながら案内する	
16		面会時刻を記入する	面会開始時刻を記入する	使用面会場所ボックスに面会票を入れる	
17		面会終了印をつけ、終了時刻を記入する	面会終了印をつけ、終了時刻を記入する	間違いないように押印する	
18		来訪者を受付に案内する	面会終了後お客様を受付に案内する	先導する	
19		面会場所とお客様用バッチを受け取る	お客様から面会票とバッチを受け取る	落とさないように受け取る	
20		面会終了印を確認する	記入漏れがないかをチェックする	素早く確認する	
21		お客様を見送る	気持ちよく挨拶をする	笑顔で見送り、お帰りいただくのを確認する	
22		終了した面会票をファイルに閉じる	面会終了票をファイルに綴じる	間違いないように綴じる	
23		お客様用バッチを所定の場所に戻す	所定の場所に戻す	間違いないように戻す	
24		待機する	入口に注意をはらう	姿勢を正す	

図 4.13 「業務モニタリングシート」の例

(出典：QC サークル本部 e-QCCWG3 編「サービスにおける e-QCC の QC ストーリー」QC サークル本部, 2009 年)

表 4.8　工程記号とその内容（JIS Z 8206 から）

記号の名称	記号	意　味
加　工	○	原料，材料，部品または製品の形状，性質に変化を与える過程を表わす．
運　搬	○	原料，材料，部品または製品の位置に変化を与える過程を表わす．
貯　蔵	▽	原料，材料，部品または製品を計画により貯えている過程を表わす．
滞　留	D	原料，材料，部品または製品が計画に反して滞っている状態を表わす．
数量検査	□	原料，材料，部品または製品の量または個数を測って，その結果を基準と比較して差異を知る過程を表わす．
品質検査	◇	原料，材料，部品または製品の品質特性を試験し，その結果を基準と比較してロットの合格，不合格または個数の適合，不適合を判定する過程を表わす．

複合工程図記号	記号の意味
◇□	品質検査を主として行いながら数量検査もする．
□◇	数量検査を主として行いながら品質検査もする．
○□	加工を主として行いながら数量検査もする．
○⇒	加工を主として行いながら運搬もする．

5）　手順5　タスク名を記入する（必須項目）

　業務を個別の作業に分解する．分解した各作業をタスクと呼び，各タスクにタスク名をつける．この各タスクが管理単位となる．「業務モニタリングシート」の中核になる項目はタスク名であり，タスク名を業務フローの順に記入する．

6) 手順6　モニタリング項目を記入する(必須項目)

　各タスクを管理するモニタリング項目を記入する．モニタリング項目は，一つひとつのタスクの特性や状況などの中から，もっとも良くそのタスクの内容を表わす事柄を代表として用いて，タスクの質を管理する．

　管理項目は，名詞の単語が用いられることが多いが，サービス部門では文章表現にしたほうが理解しやすい．

7) 手順7　モニタリング項目の管理レベルを記入する(必須項目)

　モニタリング項目の管理レベルを具体的に設定する．管理レベルはモニタリング項目の水準を明確にして，タスクの質を確保するために決める．レベルは評価尺度を明らかにして数値で決めることを推奨するが，職場の状況により必ずしも数値化の必要はない．具体的な数値で決められない場合は，評価ランクを5段階で表わすなど，タスクで必要になるレベルを定める．

8) 手順8　マニュアル，書式・記録を記入する

　「業務モニタリングシート」をより高い活用レベルにするためには，必要最低限の4項目以外に，さらにタスクの質を保つために設定されたマニュアル類や品質記録のとり方，あるいはその様式など品質確保のための情報を管理番号で表わし，関連性を明示するとよい．

　図4.14に，「業務モニタリングシート」の高度な活用例を示す．

第 4 章　改善の各手順で有効な手法

業務のフロー			管理方法			
申請者 (住民・業者 他)	担当者	関連部門 (上司・他部門)	業務名	モニタリング (点検項目を含む)	モニタリング 水準	チェック方法 (頻度を含む)	マニュアル・ 書式・記録
	窓口準備 【複数職員】		窓口準備	機材準備状況	欠品 0件	チェックシート によるチェック	チェックシート
申請書作成	受理、受付 番号票交付		申請書受理	必要記入項目 (申請内容)	不備事項皆無	目視チェック 申請内容が交付 に該当すること	申請書番号票 交付書申請書 (紙ベース)
	申請内容の 確認		申請書確認	交付当該事項 (記入内容)	交付該当度100%	目視チェック 申請書に誤記と 記入漏れをさきこと	確認票 電子媒体
	端末操作担当に 申請書を渡す	端末操作 証明書出力	申請書送付	送付先への 発送時間	受付後10分以内	砂時計(10分計)	
	窓口担当に 渡す		証明書発行	内容確認 (正確性)	誤発送 0件	目視チェック 申請書と比較	ホストコンピ ュータの操作 記録
証明書受取	申請者 呼び出し		証明書交付	交付先確認 (正確性)	交付間違い 0件	目視チェック 申請書と比較	

図 4.14　「業務モニタリングシート」の高度な活用例

(出典：(社)日本品質管理学会 管理・間接職場における小集団改善活動研究会 編,『開発・スタッフの小集団プロセス改善活動』, 日科技連出版社, 2009 年)

4.10 「ビジュアルマニュアル」

　私たちが活用しているマニュアルの多くは，文字，図表，イラストが多く，内容をしっかり読まなくては理解できないことがあります．最近ではデジタルカメラやパソコンの発達によって，視覚効果の高い写真を多く活用したマニュアルが増えて理解しやすくなりました．

　さらに，従来の文字や図表を主体にしたマニュアルである「読む手引書」から脱却して，写真や動画を主体とした「目に見える手引書」である「ビジュアルマニュアル」が登場しました(図4.15参照)．

(1)　概要と目的

　「ビジュアルマニュアル」とは，急速に発達し手軽に活用できるようになったパソコンやデジタルカメラ，携帯電話などのIT機器を使って，作業方法や作業手順などを写真，動画やアニメーション，ナレーションなどでビジュアル化して一目でわかるように，イメージと音声を活用したものです．容易に繰り返し学習したり使用できる機能を用いて可視化したり，理解しやすさを向上させた動的なマニュアルです．

　従来からある文字，図表やイラストなどを用いた静的なマニュアルと比べ，「ビジュアルマニュアル」は，業務内容や業務スキルのカン・コツを，映像を活用して感覚的でわかりやすく詳細に表現して伝達できるので，業務手順やサービスの程度，技能・スキルの実施方法の理解度が格段に向上し，さらに反復学習が容易になって学習機会を簡単に増やすことができます．また，学習時に上司やスタッフのサポートが不要になり，自己啓発の効率が向上し，修得時間が大幅に短縮できるなど大きな効用が期待できます．

(2) 作成のメリット

表現方法の幅が広がり,役立つマニュアルが実現できます.

① 技能や業務のコツを,PowerPoint を使って,文字,イラスト,写真,動画とナレーションを加え,わかりやすく,詳細に表現できる.

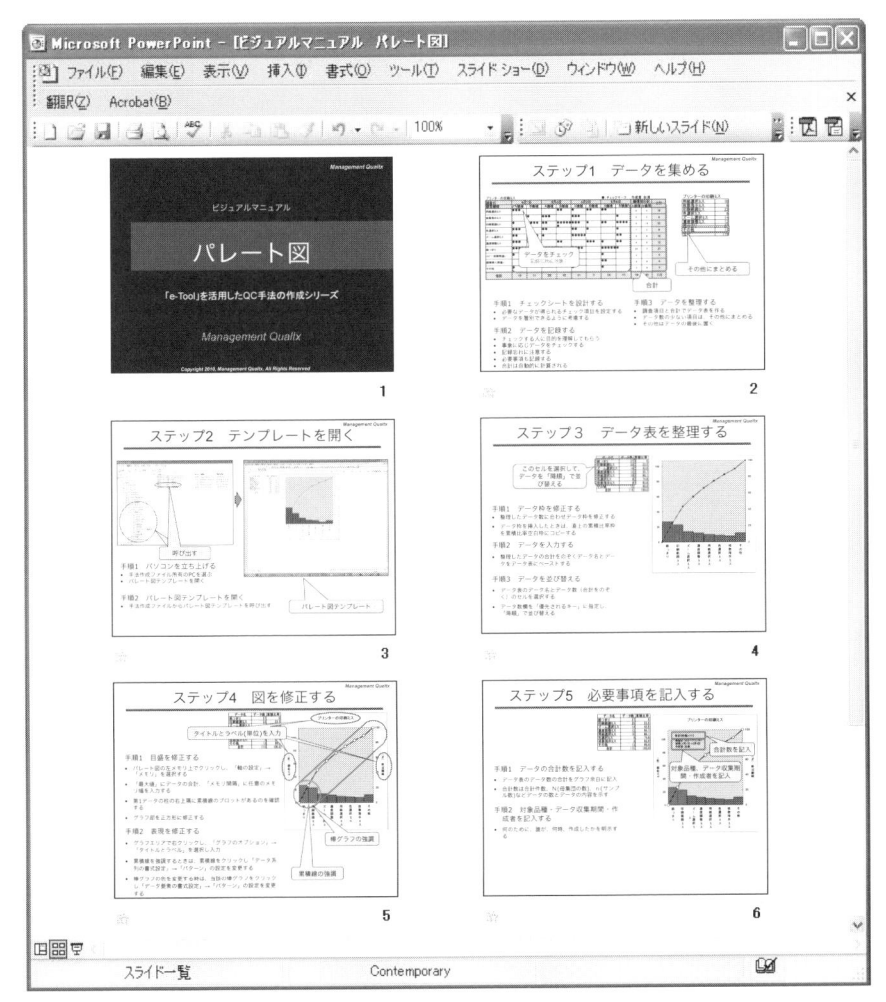

図 4.15 「ビジュアルマニュアル」の例(パレート図の作成)

② タイミング，場の空気，間の取り方，表情，情景などが表現できる．
③ 受け手の理解度が格段に向上して，習得時間が大幅に短縮できる．
④ PowerPointでパッケージ化することにより，内容を正確に伝達できる．
⑤ 人手をかけずに反復練習を容易にできる．
⑥ 内容変更が簡単，迅速に低コストで手直しできる．

(3) 作成の手順

「ビジュアルマニュアル」は，安直に動画やナレーションを使えばできるものではありません．通常のマニュアルや作業手順書と同じように，業務や作業のポイントとなる内容を適切にわかりやすく，漏れや抜けがなく作成する必要があります．

そのために次の手順が必要になります．

1) 手順1　作成対象のプロセスを選定し，業務手順書を作る．

2) 手順2　「業務モニタリングシート」で，プロセスごとの要求品質と代用特性(管理項目)を抽出する．

3) 手順3　「問題プロセス抽出シート」を活用して，業務リスク(失敗，苦情，不具合など)を列挙して整理する．

4) 手順4　プロセスのあらすじとシーンを明確にする．

5) 手順5　やるべきこと，やってはいけないことをポイントにしてナレーションを作成する．

6) **手順6** シーンを表現する方法を検討して写真，動画などを撮影し，PowerPointに貼り付ける．

7) **手順7** 重要なポイントを吹き出しや注意書きで表示し，アニメーションを付け画面を完成させる．

8) **手順8** スライドショーで説明タイミングを決めながらナレーションを録音する．

(4) 作成のポイント

「ビジュアルマニュアル」を作成するときには，次のことを意識して作成します．

1) 最高水準の作業者を見つけ出して，熟練者の技を明確にする．
2) 新人の目線で，新人にもわかりやすく，何度も見たくなるような楽しい内容にすることを心がける．
3) 最初に業務や作業の全体像をイメージで表現する．
4) 重要な部分に焦点を当て，やるべきこととやってはいけないことをその理由も含め，明確にする．
5) 画像の撮影は，担当部署のリーダーやスタッフに協力してもらい，一緒に楽しんで作成する．
6) スライドの枚数は，15枚から20枚程度で，15分程度のボリュームにする．

(5) 「ビジュアルマニュアル」の作成事例：「パレート図の作成マニュアル」

「ビジュアルマニュアル」の作成事例として，「e-Tool」(Microsoft社のExcelの表示機能を使ったQC手法の作図ツール)を活用した「パレート図の作成マニュアル」を事例として紹介します．

1) 手順1　作成する業務や作業を選定する

「e-Tool」はQC手法(QC七つ道具，新QC七つ道具，その他の統計手法)をExcelに備わっているグラフなどを自動作成するグラフ機能や，計算や抽出などを自動で行う関数機能を活用して容易に作図することができるツールですが，パソコンの使い方に不慣れな人には使い切れていませんでした．そこで，ビジュアルマニュアルを作成して，活用の促進をはかることを目的として，「e-Toolを活用したパレート図」という業務を対象に選定しました．

2) 手順2　作業プロセスを明らかにする

パレート図の作成プロセスを，「業務機能展開シート」を用いて明確にしました(表4.9参照)．

この業務プロセスの範囲は，Excelで作成したe-Toolのパレート図テンプレートを使って，データ収集からパレート図完成までとしました．また，できあがりのねらいの質レベルは，一般に出版されているQC関係の出版書籍に掲載されているものと同等になると同時に，改善活動のプレゼンテーションにも活用できるような電子情報として作成することをねらっています．

まず，パレート図の作図という業務を，主に何を行うのか(働き・業務機能)ということを，名詞(対象)と動詞(作用)で箇条書きにして，時系列

表 4.9 パレート図作成プロセスを洗い出すための「業務機能展開シート」

業務の範囲	Excel による QC 手法作成テンプレートを使ってパレート図を作図する	プロセス	サブプロセス	ねらいの業務水準 QC 関連出版書籍並みの整ったパレート図の水準をねらう	やること、やってはいけないこと
担当業務	QC手法テンプレートを使ってパレート図を作成する	データを集める	作図データを集める		必要なデータ収集の期間をとる
		テンプレートを開く	収集データを整理する		目的にあった層別項目でデータをとる
			パソコンを立ち上げる		データ数の少ない項目はその他にまとめる
			パレート図テンプレートを開く		手法ファイルをインストールしてあるPCを選ぶ
		データ表を整理する	データ枠を修正する		テンプレートを間違えない
			データを入力する		データ枠をデータ数に合わせる
			データを並び替える		正確に入力する
		図を修正する	目盛を修正する		最大値から大きい順に並び替える
			グラフ部分を正方形にする		合計数を最大値にする
			理解しやすくする		正確な情報を取得できるようにする
					タイトルやラベル(単位)を記入する
					累積線を太くする
		必要事項を記入する	データの合計数を記入する		有意な範囲のグラフに色を付ける
			製品名・データ収集期間・作成者名を記入する		グラフ中に合計数を記入する
					何のために、誰が、いつ作成したかをはっきりさせる

119

に沿って記述します．さらに，このプロセスごとの実際に行う作業にブレークダウンしてサブプロセスとします．

「やること，やってはいけないこと」を明確にすると，サブプロセスの作業の中に盛り込むべき「カンどころ」がわかり，マニュアルの内容を充実することができます．

3) 手順3　作業プロセスの要求品質と管理項目を明らかにする

モニタリング項目とその水準（要求品質と管理特性）を「業務モニタリングシート」で洗い出します．この内容を吟味することでマニュアルの内容が決められます．

図4.16は，「業務モニタリングシート」で「パレート図の作成プロセス」のモニタリング項目とモニタリング水準を洗い出した事例です．

4) 手順4　業務リスク（失敗，苦情，不具合など）を洗い出す

「問題プロセス抽出シート」を活用して，「パレート図の作成プロセス」の業務リスクを洗い出します．このステップではサブプロセスから失敗事象を想定して，失敗モードや問題発生時の影響を検討して評価することで，マニュアルに盛り込む内容を明らかにします．

図4.17は，「問題プロセス抽出シート」で「パレート図の作成プロセス」のリスクを洗い出した事例です．パレート図で注意が必要なポイントは，データ収集プロセスと図を修正する，必要事項を記入するプロセスであることがわかります．

5) 手順5　PowerPointを使って「ビジュアルマニュアル」を作成する

この事例の「ビジュアルマニュアル」では，「業務手順書」で洗い出した1つの作成プロセスにPowerPointの1シートを当て，これを基準にステップを構成して，サブプロセスを手順として説明するシナリオにしまし

業務のフロー		業務名	管理方法			マニュアル・書式・記録
職場	本人	パソコン		モニタリング項目(点検項目を含む)	モニタリング水準	チェック方法(頻度を含む)
			作図データを集める	期間	記録忘れ 0	未使用コピー作成	チェックシート
			収集データを整理する	分類項目数	項目数 10以内	本人確認	
			パソコンを立ち上げる	その他を含む項目数	項目数 8以内	本人確認	
			パレート図テンプレートを開く				パレート図テンプレート
			データ枠を修正する	項目数	整理した収集データと同数	本人確認	
			データを入力する	入力ミス	ミス 0	合計数で確認	
			データを並び替える	降順			
			目盛を修正する	Y軸数値軸入力値	合計数	データ合計で確認	
			グラフ部分を正方形にする	グラフ形状	なるべく正方形		
			タイトルやラベル(単位)を記入する	グラフタイトルとラベル	グラフタイトル・ラベル・単位		
			累積線を太くする	累積線			
			有意な範囲のグラフに色を付ける	有意な範囲			
			データの合計数を記入する	入力内容	合計数		
			製品名、データ収集期間、作成者名を記入する	入力内容	製品名称、期間、作成者名		

図 4.16 「業務モニタリングシート」を活用したモニタリング項目・水準の洗い出し

| プロセス名称 | プロセスの機能と失敗事象 ||問題の様態(失敗モード)|想定原因|問題発生時の影響|失敗の重要度|||総合評価|是正の方向性|
	サブプロセス	失敗事象					発生度	影響度	検出度		
データを集める	作図データを集める	データの記録が漏れる	抜け	認識の優先度が低い	データの信頼性が低下する	3	4	4	48	チェックシートを改訂する
	収集データを整理する	記録を間違える	抜け		データの信頼性が低下する	3	4	4	48	記録を二重化する
	適正項目数を間違える	選び間違い	知識不足	不正確な情報提供になる	4	2	3	24	第三者チェックをする
	少数値項目をその他の項目にし忘れる	抜け	知識不足	不正確な情報提供になる	2	2	3	12	第三者チェックをする
テンプレートを開く	パソコンを立ち上げる	テンプレートファイルのないPCを選ぶ	選び間違い	情報不足	作業が遅行できない	4	1	1	4	
	パレート図テンプレートを開く	違うファイルを選択する	選び間違い	注意不足	作業が遅行できない	1	1	1	1	
データを修正する	データ枠を修正する	修正を忘れる	抜け	注意不足	不完全な作業遂行になる	1	2	1	2	
		データ枠数を間違える	数え間違い	注意不足	不完全な作業遂行になる	3	2	1	6	
		修正枠の数を間違える	数え間違い	注意不足	不完全な作業遂行になる	3	2	1	6	
データを入力する	データを入力する	入力ミスをする	記入間違い	注意不足	作業が遅行できない	1	1	1	1	
データを並び替える	並び替える範囲を間違える	選び間違い	注意不足	正確なパレート図にならない	3	2	2	6	
	目盛を忘れる	修正を忘れる	抜け	注意不足	正確なパレート図にならない	2	2	2	4	
図を修正する	グラフ部分を正方形にする	修正を忘れる	抜け	注意不足	正確なパレート図にならない	2	2	2	4	
		長方形に修正する	記入間違い	知識不足	正確なパレート図にならない	3	2	1	6	
		不適切な表現にする	認識の間違い	知識不足	正確なパレート図にならない	2	2	1	4	
	タイトル等ラベル（単位）を記入する	入力を忘れる	抜け	注意不足	パレート図の信頼性が低下する	3	3	2	18	第三者チェックをする
	累積線を太くする	入力ミスをする	記入間違い	注意不足	間違った情報を伝える	2	3	3	18	第三者チェックをする
	有意な範囲をグラフに色を付ける	入力を忘れる	抜け	注意不足	累積線の強調できない	2	3	3	18	第三者チェックをする
必要事項を記入する	データの合計数を記入する	入力ミスをする	記入間違い	注意不足	優先範囲を表示できない	2	3	3	18	第三者チェックをする
		記入を忘れる	抜け	注意不足	表示の意味が示せない	2	3	3	18	第三者チェックをする
	製品名・データ収集期間・作成者名を記入する	記入ミスをする	記入間違い	注意不足	パレート図の信頼性が低下する	2	3	3	18	第三者チェックをする
		記入を忘れる	抜け	注意不足	間違った情報を提供する	2	3	3	18	第三者チェックをする
		記入ミスをする	記入間違い	注意不足	パレート図の信頼性が低下する	2	3	3	18	第三者チェックをする
		記入を忘れる	抜け	注意不足	間違った情報を提供する	2	3	3	18	第三者チェックをする

図 4.17 「問題プロセス抽出シート」を活用した業務リスクの洗い出し

122

た．

　1つの手順に，手順の説明文と該当する画像および説明の内容が画像のどこに当たるかを赤枠や吹き出しで簡単にわかるようにします．また，アニメーションで画像の説明順序を指定して，その順序でナレーションを付けて時間設定を行い，フルスクリーンの自動プレゼンテーションを構成できるようにします．

　この事例では，内容的に動画を必要としないので使っていませんが，アニメーションを動画に置き換えてプレゼすれば，さらに理解度を上げることができます．

4.11 「巻紙分析」

(1) 概要と目的

「巻紙分析」は，現状の業務プロセスで使用する書類(帳票類)，あるいは作成した書類や作業などのすべてを，業務プロセスに沿って模造紙や活動板に並べて，見える化をはかり，具体的な改善点を見い出すための手法です．この特徴を用いて「事務・間接職場」の業務を見える化する手段として活用されています．パソコンが普及する以前は，実際の帳票類のすべてを大きな模造紙に貼り付け，居室の壁やあるいは体育館に広げて，その書類の量と作業行程(プロセス)の長さ，他部門とのやり取りの実態を眺めながら改善点を話し合いました．

最近は，個人の業務が縦割り，専任化されていることが多く，かつ作業がパソコン内で進行するためにブラックボックス化されがちなので，問題点が隠れていることが多いと問題視されています．こうしたことを改善するためにも有効な手法です．

仕事のプロセスや出来栄えは，個人の経験やスキルにより大きくばらつきが生じやすいので，業務レベルの平準化にも役立ちます．

(2) 活用のメリット

1) 関連部署との業務(情報)のやりとりが明確になる．
2) 業務を進めるための帳票類の作成手順やボリューム(量)が把握できる．
3) 現状の業務のやり方の詳細がわかるため，改善の方向が見つけやすくなる．

(3) 作成の手順

1) 手順1　対象業務または改善テーマを決める

　改善テーマを決める時の注目点は，業務のアウトプットを出すプロセスが，複雑で長時間にわたる業務や定型業務として何回も繰り返されている業務，インプット情報や加工する業務の工数が多くかかり，多くの関連部門が関わっていて，抜本的な見直しが必要と思われる業務などです．

2) 手順2　現物の帳票を整理する

　業務プロセスを要素作業にまで分解し，その手順を書き出します．要素作業とは，帳票を実際に使用する場面をいい，作業手順とは「業務フローシート」で作成した内容をいいます．そして，実際に使用する帳票類をパソコンなどからプリントアウトし，他部門からの帳票と自部門で作成する帳票を作業手順に沿って模造紙に並べます．繰り返し作業の帳票は重ねて貼り付けます．

3) 手順3　問題点を洗い出し，整理してまとめる

　初めに，自部門の一連の作業工数を把握し，他部門からのインプット情報の作成に要する工数も把握します．アウトプット帳票を受け取る部門に対しては内容，納期，必要性(活用度)をアンケート形式などで聞き，ムダや改善点などを把握します．

　以上をもとに，下記の改善点抽出のポイントを参考にして，問題点を洗い出し，整理します．

- 単純な作業の繰り返し，転記作業，集計作業，見間違えやすい記述はないか．
- 時間が効率的に使えない，待ち時間が発生する(複数の部門からの情報を集約する作業)などのムダはないか．

- 出力帳票の送付先の要望，ニーズに合致しているか，よくわからないということはないか．
- 受領情報の不備による問い合わせや待ち時間が発生していないか．
- 他者による多重チェックが行われるための作業ロス，時間ロスはないか．
- 担当者の能力不足による作業ミス，時間ロスはないか．

4) 手順4　改善計画を立案する

「何を」「いつまでに」「どうする」の3項目について決めます．

5) 手順5　改善を実施する

改善のポイントには，以下のようなものがあります．
- 配布を止める．
- まとめる，統合する．
- 時間を短縮する．
- 使用しているパソコンのソフトを変更したり，Excel，Access，マクロを活用する．
- 関連業務のさらなるスキルアップ，習熟度のアップをはかる．
- できるだけ自部門でできる改善を先に進める．
- ソフト開発などは関連部門の専門家に協力を要請し，完成度を高める．
- 改善された業務プロセスを「業務フローシート」に記載し，関連部門に連絡する．

6) 手順6　効果を確認する

　要素作業を集計し，改善された業務プロセスの工数を確認します．さらに，関連部門の評価を確認し，必要に応じてさらなる改善を検討・実施し

ます．
　図 4.18 に「巻紙分析」の事例を示します．

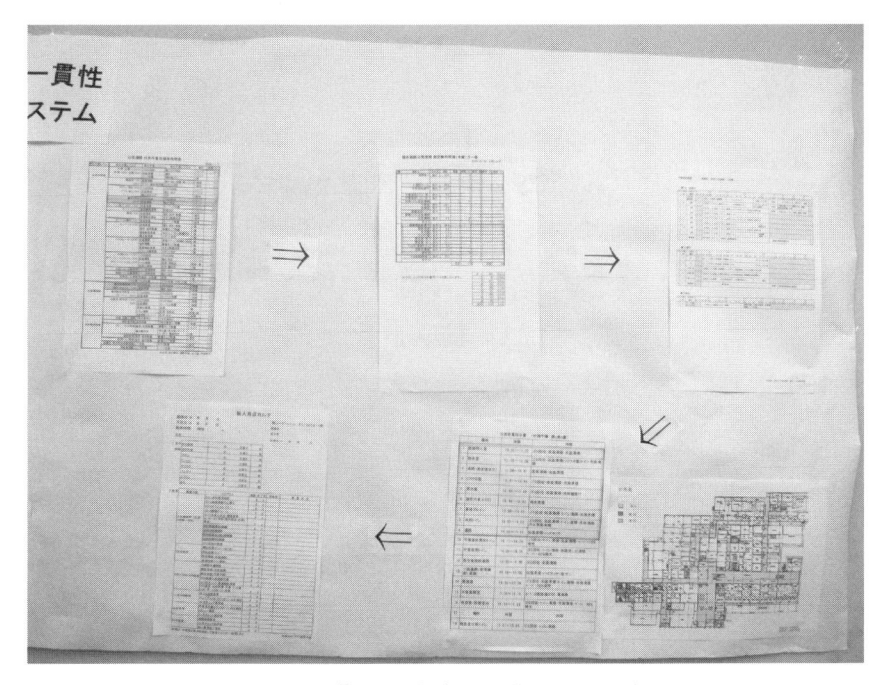

図 4.18　「巻紙分析」の例（提供：CBM）

表 4.10　活動の各フェーズと改善の手順および各手順で有効な代表的手法(1/3)

改善活動の広がり	フェーズ1
	・改善活動の経験がないか，活動を始めて間もない，身の回りの改善が主体の職場 ・整理・整頓を中心とした5S活動や個人，個人で行う改善提案を主体とした改善活動を実施している職場

手順No.	改善の手順	各手順の内容	各手順で有効な手法
0	改善活動の位置づけへの理解	・この改善活動を，会社の施策として展開，実施することを全社員に徹底し，改善活動のねらい，目的などをアナウンスする.	・活動マニュアル
1	業務の明確化	・自分たちの職場の業務内容について職場の職務分掌を意識しながら話し合い，それらを箇条書きにまとめて分類・整理する.	・職務分掌
2	業務手順の見える化	・自職場の主要業務について，その手順，情報の流れを書き出し，メンバー間で共有化をはかる.	・業務フローシート
3	業務工数の把握	・この項は，手順4で改善対象のテーマが決まった後に，そのテーマに関連する業務の時間を，現状の詳細な調査として調査・記録する. ・業務の流れに応じて月，半期，年度単位で，大括りで工数を把握する.	・チェックシート ・業務工数実績表
4	課題の洗い出しとテーマ選定	・日頃行っている仕事で，困ったこと，不都合なこと，ムダだと感じたことなど身の回りの問題を出し合い，気づきや改善の視点(統合できないか，廃止できないか，減らせないか，替えられないか)から問題プロセスを洗い出す. ・出された問題点を，箇条書きにし整理する. ・管理職・メンバーと話し合い，抽出された問題プロセスの優先順位をつけ，改善すべきテーマを選定する. ・手順5のチーム編成を行ったあとに，この手順を行う場合もある.	・テーマ選定評価マトリックス図
5	チーム編成	・テーマの特質に応じて，メンバー構成(職場中心型)やチーム編成期間を選択し，メンバー選定を行う. ・会社の職場組織(課・係やグループなど)を主体とした，サークル型のチーム編成が中心となる.	
6	改善	・現状の詳細な調査 ・目標の設定 ・活動計画の策定 ・原因の抽出と整理 ・対策の検討と実施 ・効果の確認	・ブレーンストーミング法 ・トランプKJ法 ・層別 ・チェックシート ・折れ線グラフ，棒グラフ，円グラフ ・ガントチャート ・パレート図 ・特性要因図 ・系統図 ・系統マトリックス図
7	標準化と管理の定着	・効果のあった施策をマニュアルにして明文化する. ・明文化できないものは，仕組みでカバーする. ・職場への周知徹底をはかる. ・効果の継続を確認・フォローをする.	5W1H法 標準化 業務マニュアル
8	反省と今後の課題	・活動の結果と活動のプロセスを反省する. ・今後の計画を立案する.	二元表

第4章 改善の各手順で有効な手法

表4.10 活動の各フェーズと改善の手順および各手順で有効な代表的手法(2/3)

改善活動の広がり	フェーズ2 ・TQMなどの全社的活動が展開されており、方針管理などを通じて組織的に改善活動が行われている職場 ・チームやサークルを編成して継続して改善活動が行われており、改善の視点が自分たちの仕事や職場が中心となっている活動 ・フェーズ1とフェーズ3の中間的状況の職場		
手順No.	改善の手順	各手順の内容	各手順で有効な手法
0	改善活動の位置づけへの理解	・方針管理書などを通じて改善活動を、全社的活動の一環として展開、推進することを明示し、改善活動の狙い・目的、位置づけ、そして活動方針・目標などを明確に提示して、組織的・継続的に取り組む。	・活動マニュアル ・方針管理書(方針書,実施計画書,期末反省書など)
1	業務の明確化	・自分たちの職場の職務分掌をもとに、自職場の機能、目的、範囲などについて話し合い、箇条書きに整理する。 ・「業務体系表」などを活用して、業務を大分類、中分類と区分けして整理する。 ・自職場の本来業務である基幹業務と職場を運営するための運営業務とを区別する。	・職務分掌 ・業務体系表 ・業務機能展開シート
2	業務手順の見える化	・各業務の手順、情報の流れをフローシートなどに表わし、見える化して職場メンバー間で共有化をはかる。	・業務フローシート
3	業務工数の把握	・手順1にて作成した「業務体系表」(または「業務機能展開シート」)を用いて、整理された各業務の工数を把握する。 ・業務の流れに応じて月、半期、年度単位で工数を把握する。	・業務工数実績表
4	課題の洗い出しとテーマ選定	・上司の「方針管理書」から、自職場の主要課題(業務の質の向上、工数低減、納期確保など)を理解したうえで、気づきや改善の視点(統合できないか、廃止できないか、減らせないか、替えられないか)から問題・課題を洗い出す。 ・前年度の改善活動の反省や、やり残した問題・課題、あるいは上位の方針から展開された課題や職場の年度の重点実施事項を加味して、職場の問題・課題を出し合う。 ・出された問題点を、箇条書きにし整理する。 ・職場課題検討会を開催し、抽出された問題プロセスの優先順位をつけ、改善すべきテーマを選定する。 ・改善テーマとして取り上げるもの、テーマとして取り上げないが、日常的な問題として担当を決めて実施するものを明確にして取り組む。	・ギャップ整理シート ・テーマ選定評価マトリックス図
5	チーム編成	・テーマの特質に応じて、メンバー構成(職場中心型、組織横断型)やチーム編成期間を選択し、メンバー選定を行う。 ・従来型であるサークル型に加え、タスク型のチームも編成される。	・合同サークル ・タスクチーム
6	改善	・現状の詳細な調査	・ブレーンストーミング法 ・ブレーンライティング法 ・トランプKJ法 ・なぜなぜ分析
		・目標の設定	・ABC分析 ・層別 ・ベンチマーク
		・活動計画の策定	・チェックシート ・マトリックス図、連関図、親和図、系統図、系統マトリックス図、アローダイヤグラム、PDPC法
		・要因の解析	・折れ線グラフ,棒グラフ,円グラフ,帯グラフ,レーダーチャート ・ヒストグラム ・相関分析,散布図,回帰分析 ・ガントチャート ・パレート図 ・特性要因図 ・検定・推定 ・管理図
		・対策の検討と実施	
		・効果の確認	
7	標準化と管理の定着	・効果のあった施策を「標準書」「手順書」にして明文化する。 ・明文化できないものは、仕組みでカバーする。 ・職場への周知徹底をはかる。 ・効果の継続を確認・フォローをする。	5W1H法 標準化 標準書,手順書,業務マニュアル 水平展開
8	反省と今後の課題	・活動の結果と活動のプロセスを反省する。 ・今後の計画を立案する。	二元表

表 4.10 活動の各フェーズと改善の手順および各手順で有効な代表的手法(3/3)

改善活動の広がり	フェーズ3
	・TQMなどの全社的活動が展開されており、デミング賞や日本品質管理賞などを受賞した経験がある企業やそれらの賞を目指し全社的最適化を目的とした活動が行われている会社、職場 ・多様なチーム編成や種々の手法、問題解決の手順を駆使して、全社的視野で大きな問題、課題の未然防止を含めた解決に挑戦している職場

手順No.	改善の手順	各手順の内容	各手順で有効な手法
0	改善活動の位置づけへの理解	・「フェーズ2」の職場で展開されているTQM活動などの全社的な活動が、さらに充実、徹底して展開され、方針管理や日常管理などのマネジメントツールが高度に活用される中で、会社の重要な活動の一つとして、ねらい、方針、目標などを組織全体に徹底する。 ・職場の重要課題、会社の重要課題の解決に向け、この小集団による改善活動が重要な役割を担う活動として推進する。	・活動マニュアル ・方針管理書(方針書,実施計画書,期末反省書など) 年間活動計画書
1	業務の明確化	・自分たちの職場の職務分掌をもとに、自職場の機能、目的、範囲などについて話し合い、箇条書きに整理する。 ・「業務機能展開シート」などを活用して、業務を大分類、中分類と区分けして整理する。慣れてきたら小分類まで整理する。 ・自職場の本来業務である基幹業務と職場を運営するための運営業務とを明確に区別する。	・職務分掌 ・業務機能展開シート
2	業務手順の見える化	・各業務の手順、情報の流れをフローシートなどに表わし、見える化して職場メンバー間で共有化をはかる。	・業務フローシート ・品質保証体系図 ・巻紙分析
3	業務工数の把握	・手順1にて作成した「業務機能展開シート」を用いて、整理された各業務の工数を把握する。 ・業務の流れに応じて月、半期、年度単位で、詳細に工数を把握する。	・業務工数実績表
4	課題の洗い出しとテーマ選定	・上司の「方針管理書」から、自職場の主要課題(業務の質向上、工数低減、納期確保など)を理解したうえで、気づきや改善の視点(統合できないか、廃止できないか、減らせないか、替えられないか)から問題・課題を洗い出す。 ・前年度の改善活動の反省や、やり残した問題・課題、あるいは上位の方針から展開された課題や職場の年度の重点実施事項を加味して、職場の問題・課題を出し合う。 ・出された問題点を、箇条書きにし整理する。 ・職場課題検討会を開催し、抽出された改善プロセスの優先順位をつけ、改善すべきテーマを選定する。 ・改善テーマとして取り上げるもの、改善テーマとして取り上げないが、日常的改善として担当を決めて実施するものを明確にして取り組む。	・問題プロセス抽出シート ・ギャップ整理シート ・テーマ選定評価マトリック図 ・FMEA
5	チーム編成	・テーマの特質に応じて、メンバー構成(職場中心型、組織横断型)やチーム編成期間を選択し、メンバー選定を行う。 ・サークル型、タスク型だけでなく、組織横断型のプロジェクト型チームも編成される。	・プロジェクトチーム ・クロスファンクショナルチーム
6	改善	・現状の詳細な調査 ・目標の設定 ・活動計画の策定 ・要因の解析 ・対策の検討と実施 ・効果の確認	・ブレーンストーミング法 ・ブレーンライティング法 ・トランプKJ法 ・なぜなぜ分析 ・ABC分析 ・ビデオ分析 ・FMEA, FTA ・層別 ・ベンチマーク ・チェックシート ・マトリックス図,連関図,親和図,系統図,系統マトリックス図,アローダイヤグラム,PDPC法,マトリックスデータ解析法 ・グラフ,管理図 ・ヒストグラム ・箱ひげ図 ・相関分析,散布図,回帰分析 ・推定・検定,分散分析 ・ガントチャート ・パレート図 ・特性要因図 ・レーダーチャート ・多変量解析 ・実験計画法
7	標準化と管理の定着	・効果のあった施策を「標準書」「手順書」にして明文化する。 ・明文化できないものは、仕組みでカバーする。 ・職場への周知徹底をはかる。 ・効果の継続を確認・フォローをする。 ・「業務機能展開シート」「業務フローシート」などの見直しを行う。	5W1H法 標準化,標準書,手順書, 業務マニュアル ビジュアルマニュアル 業務モニタリングシート 水平展開
8	反省と今後の課題	・活動の結果と活動のプロセスを反省する。 ・今後の計画を立案する。	二元表 活動評価表

【参考文献】

（1） 猪原正守著,『新 QC 七つ道具 入門』, 日科技連出版社, 2009 年
（2） 小柳津正彦, 他著,『ISO 9001 現場の困りごと解決事例集』, 日科技連出版社, 2009 年
（3） QC サークル手帳編集委員会編,『なるほど・ザ・QC サークルマニュアル』, 日科技連出版社, 2002 年
（4） 『QC サークル』誌, 2008 年 1 月号～6 月号「連載 ヒューマンエラーによるトラブル・事故を防ぐ」, 日本科学技術連盟
（5） 『QC サークル』誌, 2008 年 10 月号特集「標準化」, 日本科学技術連盟
（6） 『QC サークル』誌, 2009 年 9 月号～11 月号「ビジュアルマニュアルの作り方とその活用事例」, 日本科学技術連盟
（7） 杉浦忠, 山田佳明著,『QC サークルのための QC ストーリー入門—問題解決と報告・発表に強くなる』, 日科技連出版社, 1991 年
（8） 杉浦忠著,『Excel と PowerPoint を使った問題解決の実践—QC ストーリーと活用手法の新展開』, 日科技連出版社, 2002 年
（9） 杉浦忠, 山田佳明著,『QC サークルのための PowerPoint 実践テクニック—私にもできる魅力的なプレゼン』, 日科技連出版社, 2005 年
（10） 細谷克也編著,『すぐわかる問題解決法』, 日科技連出版社, 2000 年
（11） 吉澤正編,『クォリティマネジメント用語辞典』, 日本規格協会, 2004 年
（12） ㈳日本品質管理学会 管理・間接職場における小集団改善活動研究会編,『開発・営業・スタッフの小集団プロセス改善活動』, 日科技連出版社, 2009 年
（13） QC サークル本部 e-QCCWG3 編,「サービスにおける e-QCC の QC ストーリー」, QC サークル本部, 2009 年

索　引

【英数字】

5W1H　63
　——法　128，129，130
ABC 分析　129，130
FMEA　130
FTA　130
IE 手法　20
PDCA　24
PDPC 法　129，130
QC サークル　6
TQM　19

【あ】

アローダイヤグラム　129，130
円グラフ　128，129，130
帯グラフ　129，130
折れ線グラフ　128，129，130

【か】

回帰分析　129，130
改善　51，128，129，130
　——のサイクル　25
　——のステップで有効な代表的手法
　　77
　——の手順　18
改善活動　7
　——の位置づけへの理解　31，128，
　　129，130
改善計画　81
課題達成型　23
課題の洗い出しとテーマ選定　36，
　128，129，130
活動評価表　130
活動マニュアル　128，129，130
ガントチャート　128，129，130
管理図　129，130
期末反省書　81，129，130
ギャップ整理シート　37，99，129，
　130
ギャップ整理シート 1　99，100
ギャップ整理シート 2　101
業務機能展開シート　33，82，119，
　129，130
業務機能展開表　83
業務工数実績表　33，35，89，128，
　129，130
業務工数の把握　34，128，129，130
業務体系表　33，35，89，90，129，
　130
業務手順の見える化　33，128，129，
　130
業務の明確化　31，128，129，130
業務フローシート　34，85，87，88，
　128，129，130
業務マニュアル　128，129，130

索　引

業務モニタリングシート　67，108，110，113，119，130
グラフ　130
クロスファンクショナルチーム　130
系統図　56，58，105，128，129，130
系統的な展開　82
系統マトリックス図　128，129，130
検定・推定　129，130
工数管理　89
　——の方法　91
工数の解析　91
工数の集計　91
構成要素展開型系統図　56，58，105
工程記号　111
合同サークル　129，130

【さ】

散布図　129，130
施策実行型　23
実験計画法　130
実施計画書　129，130
実施計画表　80
実施報告書　81
失敗モード一覧表　94，95
事務・間接職場　11
　——における改善活動推進上の困難さ　15
　——の特徴　12
小集団　7
　——の形態のイメージ　48
職場検討会　41
職務分掌　128，129，130

水平展開　129，130
相関分析　129，130
層別　128，129，130

【た】

多変量解析　130
チーム編成　44，49，128，129，130
　——の方法　46
チェックシート　67，128，129，130
テーマ選定評価マトリックス図　37，39，103，104，128，129，130
手順書　129，130
特性要因系統図　107
特性要因図　128，129，130
トランプKJ法　128，129，130

【な】

なぜなぜ分析　129，130
二元表　71，128，129，130
年間活動計画書　130

【は】

箱ひげ図　130
パレート図　128，129，130
反省と今後の課題　69，128，129，130
ビジュアルマニュアル　62，114，115，130
ヒストグラム　129，130
ビデオ分析　130
標準化　128，129，130
　——と管理の定着　60，128，129，

133

130
　——マトリックス表　63
標準書　129，130
品質保証体系図　130
フェーズ　29
フェーズ1　30
フェーズ2　30
フェーズ3　30
フェーズに応じた改善の手順　31
ブレーンストーミング法　128，129，130
ブレーンライティング法　129，130
プロジェクト型チーム活動　4
プロジェクトチーム　130
分散分析　130
ベンチマーク　130
棒グラフ　128，129，130
方策展開型系統図　56，58，105，107
方針管理　32，78

——の仕組み　43
方針管理書　129，130
方針管理体系図　79
方針書　129，130

【ま】

巻紙分析　34，53，124，130
マトリックス図　129，130
マトリックスデータ解析法　130
未然防止型　23
問題解決型　23
問題解決の手順の選択　23
問題プロセス抽出シート　37，93，94，98，122，130

【ら】

レーダーチャート　129，130
連関図　129，130

QC サークル京浜地区 2010 年度幹事研究会メンバーと執筆担当

リーダー　　　羽田源太郎（元コニカミノルタ）
　　　　　　　　　　　編集，はじめに，第 1，2 章，第 3 章 3.1，3.2(1)～(4)

サブリーダー　杉浦　　忠（㈲マネジメントクォルテックス）
　　　　　　　　　　　　編集，第 3 章 3.2(7)，第 4 章 4.5，4.10

メンバー　　　垣内　リエ（㈱小松製作所）　　　　　　　　　第 4 章 4.3

　　　　　　　佐々木弘美（日産自動車㈱）　　　　　　　　　第 4 章 4.8

　　　　　　　篠﨑　宏之（コニカミノルタビジネスエキスパート㈱）　第 4 章 4.9

　　　　　　　瀧沢　幸男（日野自動車㈱）　　　　　　　　　第 4 章一覧表

　　　　　　　中野　　至（マネジメント T＆K）　編集，第 3 章 3.2(5)，(6)

　　　　　　　新倉　健一（前田建設工業㈱）　　　　　　　　第 4 章 4.1，4.2

　　　　　　　二瓶　　勤（㈱ジーシー）　　　　　　　　　　第 4 章 4.6

　　　　　　　松田　曉子（日本ゼオン㈱）　　　　　　　第 3 章 3.2(8)，(9)

　　　　　　　村上　恭子（㈱博報堂アイ・スタジオ）　　　　第 4 章 4.7

　　　　　　　村本　誠治（元コニカミノルタ）　　　　　　　第 4 章 4.4，4.11

事務・間接職場の改善活動のノウハウ
～改善の8つの手順と有効な手法～

2011年10月31日　第1刷発行
2019年3月6日　第3刷発行

著　者　QCサークル京浜地区幹事研究会
発行人　戸　羽　節　文

検印省略

発行所　株式会社 日科技連出版社
〒151-0051　東京都渋谷区千駄ヶ谷5-15-5
　　　　　　DSビル
電　話　出版　03-5379-1244
　　　　営業　03-5379-1238

印刷・製本　河北印刷株式会社

Printed in Japan

© G.Hada et al. 2011　　　　　　ISBN 978-4-8171-9403-9
URL http://www.juse-p.co.jp/

本書の全部または一部を無断で複写複製(コピー)することは、著作権法上での例外を除き、禁じられています。